El pequeño libro
DE LA
ECONOMÍA

Shaun Rusk

Amat Editorial, sello editorial especializado en la publicación de temas que ayudan a que tu vida sea cada día mejor. Con más de 400 títulos en catálogo, ofrece respuestas y soluciones en las temáticas:

- Educación y familia.
- Alimentación y nutrición.
- Salud y bienestar.
- Desarrollo y superación personal.
- Amor y pareja.
- Deporte, fitness y tiempo libre.
- Mente, cuerpo y espíritu.

E-books:
Todos los títulos disponibles en formato digital están en todas las plataformas del mundo de distribución de e-books.

Manténgase informado:
Únase al grupo de personas interesadas en recibir, de forma totalmente gratuita, información periódica, newsletters de nuestras publicaciones y novedades a través del QR:

Dónde seguirnos:

 | @amateditorial

   | Amat Editorial

Nuestro servicio de atención al cliente:
Teléfono: **+34 934 109 793**

E-mail: **info@profiteditorial.com**

El pequeño libro
DE LA
ECONOMÍA

Shaun Rusk

Amat
editorial

La edición original de esta obra ha sido publicada en inglés
por Summersdale, bajo el título *The little book of economics*, de
Shaun Rusk.

© Shaun Rusk, 2024
© Profit Editorial I., S.L., 2024
    Amat Editorial es un sello de Profit Editorial I., S.L.
    Travessera de Gràcia, 18-20, 6º 2ª; Barcelona-08021

Diseño de cubierta: XicArt
Maquetación: Marc Ancochea

ISBN: 978-84-19870-08-7
Depósito legal: B 2611-2024
Primera edición: Marzo de 2024

Impresión: Gráficas Rey
Impreso en España / *Printed in Spain*

Índice

Prólogo

A mediados del siglo XIV, la peste invadió toda Europa. La enfermedad se extendió desde Asia Oriental a Europa, causando estragos, miseria y muerte, mucha muerte. Se calcula que, cuando la enfermedad llegó a su fin, había fallecido el 60 % de la población europea, unos 50 millones de personas en total.

En aquella época, en la mayor parte de Europa, la sociedad estaba regulada por el **sistema feudal**. Un orden jerárquico rígido situaba al rey en la cúspide, cediendo tierras a los barones y a los obispos que, a cambio, juraban «lealtad» al monarca y le suministraban ejércitos en tiempos de necesidad. Por debajo, los caballeros recibían fincas y luchaban por su señor. En el último escalón se encontraban los campesinos, que recibían campos para cultivarlos, pero también estaban obligados a suministrar la gran mayoría de los alimentos que producían a los hombres de mayor rango, así como a trabajar para ellos la mayor parte del tiempo.

Muchos campesinos murieron a causa de la peste, y con ella también empezó a sucumbir el sistema feudal. Mientras que en épocas pasadas había suficientes campesinos para cumplir las órdenes de los distintos señores, ahora no había tantos disponibles, aunque la nobleza seguía queriendo que se llevara a cabo la misma cantidad de tareas.

De este modo, los campesinos supervivientes podían obtener mayores beneficios, lo que les permitía elegir trabajar para cualquier señor que estuviera dispuesto a ofrecerles mejores condiciones. Además, la escasez de mano de obra convertía al campesino en un nuevo ser humano valioso, por lo que era mucho más probable que pudieran evitar los crueles castigos que eran habituales en el sistema feudal.

Dicho en términos puramente económicos, el sistema feudal empezó a derrumbarse debido a la **oferta** y la **demanda**. La demanda, que procedía de los señores, era mucho mayor que la oferta, los campesinos disponibles para trabajar. Esto dio al proveedor un mayor poder para cambiar los términos del acuerdo. ¡Y esto es economía!

Introducción

En una ocasión, el Doctor Who dijo con respecto al tiempo: «Es más bien una gran bola de materia viscosa que oscila ahora hacia aquí, ahora hacia allá».* Y la economía es un poco esto. Se divide en dos partes: microeconomía y macroeconomía, pero a menudo se entremezclan porque la economía, al igual que el tiempo, no es una ciencia estricta y ofrece varias formas de abordar una situación económica determinada.

---

*   Esta frase se ha traducido de muchas maneras distintas, ponemos aquí una de las más comunes. El original, reza: *«It's more like a big ball of wibbly-wobbly, timey-wimey stuff»*. (N. del e.)

¿QUÉ ES LA ECONOMÍA?

La palabra proviene de las palabras griegas *eco*, que significa «hogar», y *nomos*, que significa «cuentas». La economía ha evolucionado desde una limitada preocupación por las cuentas familiares hasta convertirse en un amplio tema en la actualidad.

Alfred Marshall fue un economista inglés de finales del siglo XIX y principios del XX, y su influyente libro *Principios de economía*, publicado en 1890, presenta una definición que todavía se utiliza a menudo: «La economía es un estudio de la humanidad en los asuntos ordinarios de la vida; examina la parte de la acción individual y social que está más estrechamente relacionada con la obtención y el uso de los requisitos materiales del bienestar. Así, por un lado, es un estudio de la riqueza y, por otro y más importante, una parte del estudio del hombre».

Como sugiere Marshall, la economía tiene que ver ante todo con las personas. De hecho, es tan importante que encontrarás información sobre ella en todas partes: en la televisión, en los periódicos y en las redes sociales, y por eso la gente tiende a tener fragmentos de conocimiento sin ser necesariamente capaz de ver cómo encaja todo.

Puede que el ciudadano de a pie no sea economista, pero tomará decisiones financieras en función de su confianza en la economía. Si cree que va bien, gastará más. Si cree que la economía va mal, se aferrará a sus ahorros y reducirá el gasto para el día lluvioso que está a la vuelta de la esquina.

Los siguientes capítulos te darán una idea de cómo tu propia educación, salud, habilidades, experiencia, gastos y riqueza se ven influidos por el crecimiento o la contracción de la economía y cómo esto afecta al gasto público en educación, servicios médicos, fuerzas armadas, policía y otros aspectos que repercuten en nuestras vidas.

EL CAPITALISMO ES LA ASOMBROSA CREENCIA DE QUE LOS HOMBRES MÁS PERVERSOS HARÁN LAS COSAS MÁS PERVERSAS PARA EL MAYOR BIEN DE TODOS.

Lord John Maynard Keynes

Capítulo 1

MICROECONOMÍA

La microeconomía examina los aspectos más pequeños de la economía y estudia las decisiones que toman las personas y las empresas en relación con la asignación de recursos escasos y cómo esto afecta a los precios de los bienes y los servicios.

EL PROBLEMA ECONÓMICO

Siempre he querido tener un coche descapotable Bentley, pero nunca lo he conseguido. ¿Por qué?

Bueno, ser un profesor mal pagado es parte de la respuesta (¡!) y esto ayuda a responder al **problema económico** básico: el de la **escasez**.

En economía se parte del supuesto de que las personas tienen **necesidades limitadas** pero **deseos ilimitados**.

Las necesidades limitadas son las cosas que necesitamos para llevar una vida sana: los básicos primordiales de comida, techo, calefacción y ropa, junto con los beneficios más modernos de la educación y la sanidad. En cambio, los deseos ilimitados no son esenciales, pero nos hacen la vida más agradable: ¡ese vino de Napa Valley, un coche Mercedes o esos zapatos Louboutin!

La escasez es el resultado de una demanda de un determinado recurso superior a la oferta de este, ya que la mayoría de los recursos son limitados. Esto significa que hay que elegir cómo utilizar esos recursos escasos, ya sean materias primas, tiempo o dinero.

Esas decisiones las toman personas de toda la sociedad, ya sea una familia, una empresa o un gobierno. Un individuo puede decir: «¿Podemos permitirnos tener un bebé?». Una empresa puede tener que decidir si invierte en energías renovables, como la solar, o sigue utilizando energías no renovables y finitas, como el petróleo. Los distintos gobiernos aplican políticas económicas opuestas y esas decisiones afectan a la riqueza, la salud y la seguridad de su población.

Esos deseos ilimitados crean uno de los conceptos centrales de la economía: el **coste de oportunidad**, que puede definirse como «**la siguiente mejor alternativa a la que se renuncia**». Por ejemplo, queremos comprar una Snickers y una barrita Mars, pero solo tenemos dinero para una de ellas. Así que hay que tomar una decisión económica: ¿cuál elegir? Si es la Snickers, el coste de oportunidad es no tener una barrita Mars.

El coste de oportunidad también afecta al mundo político y empresarial. Por ejemplo, un gobierno posee mucho dinero, pero ha de decidir dónde gastarlo porque sus recursos son limitados. Si decide gastar más dinero en educación, puede que haya menos dinero para la policía o los hospitales.

LOS ECONOMISTAS

Son muchos los economistas que han contribuido enormemente a la fuente del conocimiento económico, pero algunos nombres sobresalen más que otros. En este apartado se examinan cuatro de los más interesantes.

Adam Smith fue un economista escocés-británico, al que generalmente se le ha considerado «el padre de la economía». Su famoso libro *La riqueza de las naciones,* publicado en 1776, fue la primera expresión exhaustiva del pensamiento económico. Una de sus principales teorías era la **especialización** y la **división del trabajo**, que él defendía afirmando que tales prácticas conducían a una mayor eficiencia y menores costes. Su «**mano invisible**» es una metáfora de cómo, en una economía de libre mercado, **individuos con intereses propios,** como consumidores y productores, operan a través de un sistema de interdependencia mutua para promover el beneficio general de la sociedad en su conjunto.

Karl Marx fue un teórico alemán que murió en 1883 y está enterrado en el cementerio londinense de Highgate. Sus obras más famosas fueron *El Manifiesto Comunista, El capital,* en cuatro volúmenes, y su filosofía del **marxismo**. Marx creía en la existencia de dos clases básicas: los propietarios, o **burguesía**, y los trabajadores, o **proletariado**. Consideraba que la caída de la burguesía y la victoria del proletariado eran inevitables.

Lord John Maynard Keynes fue la estrella de la economía cuyo pensamiento dominó la mitad del siglo xx. El inglés fue el **padre de la macroeconomía moderna** y, aunque falleció en 1946, su influencia continuó hasta que sus ideas pasaron un poco de moda en la década de 1970. Su pensamiento económico resurgió en los años que siguieron a la **crisis financiera de 2007-2008**, período conocido como la **Gran Recesión**.

Friedrich Hayek era austriaco de nacimiento y miembro de la **Escuela Austriaca de Economía**. En 1938 adquirió la nacionalidad británica, tras incorporarse al cuerpo docente de la London School of Economics en 1931. Era partidario del **capitalismo de libre mercado** y criticó duramente el pensamiento económico de Keynes sobre la **intervención gubernamental**. Hayek sostenía que el libre mercado permitía la iniciativa empresarial, la creatividad y la innovación, necesarias para que las sociedades prosperasen.

UNA NACIÓN NO
SE HACE RICA POR LA
ACUMULACIÓN INFANTIL
DE METALES BRILLANTES,
SINO QUE SE ENRIQUECE
CON LA PROSPERIDAD
ECONÓMICA DE SU PUEBLO.

Adam Smith

OFERTA Y DEMANDA

Todos los días decidimos si comprar un bien en función del precio, la calidad, la moda y otros factores.

Esto se conoce como **demanda** y es la cantidad de un bien o servicio que los consumidores están **dispuestos y son capaces** de comprar a un precio determinado. La **oferta** es la cantidad que un productor está dispuesto y es capaz de vender a un precio determinado.

En muchos países, **las fuerzas del mercado** deciden la oferta y la demanda: cuánto suministran los productores y cuánto quiere comprar la gente. Cuando hay poca oferta y mucha demanda, los precios suben. Cuando hay poca demanda pero mucha oferta, los precios bajan.

En el gráfico de la oferta y la demanda (véase las páginas siguientes), la demanda es una curva inversa, descendente: cuanto mayor es el precio,

GRÁFICO DE LA OFERTA Y LA DEMANDA

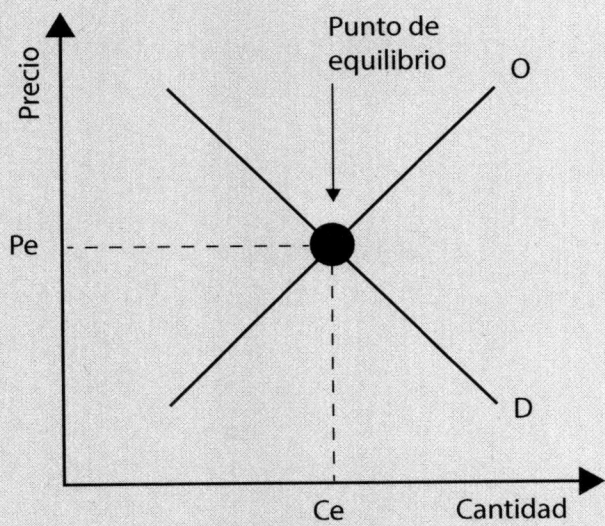

O = Oferta
D = Demanda
Pe = Precio de equilibrio
Ce = Cantidad de equilibrio

menor es la cantidad demandada. La oferta es una curva positiva, ascendente: cuanto mayor es el precio, más se produce y las empresas obtienen mayores beneficios.

El punto del gráfico en el que se cruzan las curvas, donde confluyen la oferta y la demanda, se conoce como **punto de equilibrio**. En teoría, representa el estado de reposo en el que todas las transacciones económicas deberían producirse con esas variables dadas: los consumidores comprando y las empresas vendiendo a un precio determinado.

La **ley de la utilidad marginal decreciente** es importante para la oferta y la demanda. Esta ley establece que a medida que se utiliza cada unidad adicional de un bien, la satisfacción disminuye para el consumidor y, por tanto, el bien es menos valioso para él. **Marginal** es la **suma de uno**, ya sea el coste de producir un bien más o el beneficio de emplear a una persona más. La **utilidad** se refiere al beneficio, satisfacción o felicidad que alguien obtiene al utilizar un bien. Consideremos este ejemplo. Acabas de cruzar el desierto y te mueres de sed. Llegas a un oasis. El primer vaso de agua que bebes te salva la vida y pagarías cualquier cantidad de dinero por él. Pero el siguiente no te satisface tanto, y el siguiente te reporta aún menos beneficios, por lo que naturalmente querrás pagar menos.

FACTORES DE PRODUCCIÓN

Los **factores de producción** son los insumos necesarios en el proceso de producción para crear un bien o un servicio. Hay cuatro elementos principales: **capital**, **espíritu empresarial**, **tierra** y **trabajo**.

En una sociedad capitalista, quienes controlan estos elementos, como los propietarios de empresas o los inversores, suelen poseer grandes riquezas. En los países más socialistas, el gobierno tiene un mayor control sobre estos cuatro elementos básicos. Un acrónimo para recordarlos es **CELL** (según las iniciales en inglés).

Capital. Se refiere al dinero, pero este no puede ser un insumo en el proceso de producción, sino que se utiliza para comprar bienes de capital como equipos, maquinaria y fábricas. Los ingresos generados con este factor se consideran **intereses**.

Espíritu emprendedor (también conocido como **empresa**). Todos los factores son importantes, pero es absolutamente crucial que alguien sea capaz de impulsar esa aventura empresarial. El **empresario** reúne los otros tres factores y crea el sistema de producción más eficiente. Los ingresos generados se consideran **beneficios**.

Tierra. Incluye el agua, los minerales, los metales preciosos, el petróleo, el gas natural y otras materias primas, ya sean renovables o no. Se considera un factor **primario** de producción porque puede contribuir a generar valor económico. En términos generales, se considera **renta**.

Trabajo. Se define como cualquier aportación humana a una empresa económica implicada en la producción del bien, ya sea esfuerzo manual o mental. Muchos observadores económicos han identificado la mano de obra como la principal fuente de valor económico. El valor del capital humano depende de su cualificación, formación, educación y productividad. Cuanto mejor formados, normalmente, más eficientes y productivos. Los ingresos generados con este factor se consideran **salarios**.

BIENES PÚBLICOS

Cuando consideramos un **bien público**, vemos un bien o un servicio que **no** es **rival ni excluible**. ¿Qué queremos decir exactamente con esto?

Los **bienes públicos** son bienes o servicios que normalmente benefician a todos los miembros de la sociedad y, por ello, suelen proporcionarse gratuitamente a través de los impuestos gubernamentales. Esto se debe a que no hay mercado para el bien o servicio, ya que una empresa no podrá obtener beneficios de él. Pero, aunque no tenga un precio de mercado, sí tiene un valor para la sociedad.

Un ejemplo **no rival** de **bien público** es el alumbrado público. Proporciona luz a todo el mundo sin importar cuánto lo consuma una persona o un grupo de ellas. La misma cantidad está disponible para que cualquier número de personas lo utilice tanto y tan a menudo como quiera.

Los bienes o servicios **no excluibles** significan que, una vez suministrados, es casi imposible excluir a otras personas de su uso. Por ejemplo, es muy difícil impedir que alguien utilice una vía pública, sea cual sea el vehículo o lo molesto que pueda resultar a los demás usuarios. Otros ejemplos de bienes públicos son la policía, la defensa nacional y las infraestructuras. Como ya se ha dicho, los bienes públicos suelen ser beneficiosos para la sociedad, pero también los hay negativos, como la contaminación atmosférica.

Un **bien público puro** es aquel cuyo consumo es imposible excluir, por ejemplo, la defensa nacional, aunque no se esté dispuesto a pagar por su uso. Una persona que esté en contra de la injerencia del gobierno puede negarse a pagar impuestos, pero, si el país fuera invadido, sus fuerzas armadas seguirían defendiendo el hogar de esa persona.

Esto da lugar al **problema del beneficiario gratuito**, que afecta especialmente a los bienes públicos. Describe la carga sobre un recurso compartido causada por el uso o uso excesivo de ese recurso por personas que no pagan su parte justa o no pagan nada en absoluto. Aparte de la defensa nacional, un faro es otro buen ejemplo. Todos los navegantes se benefician de su iluminación aunque no contribuyan a su mantenimiento.

EL MERCADO Y SUS FALLOS

En los telediarios oímos hablar a menudo del término «mercado», pero ¿qué significa?

En este contexto, con frecuencia, puede referirse a los **mercados financieros**, como Wall Street o La City (de Londres), pero también tiene otros significados.

Una explicación general sería que **un mercado es un lugar donde las partes, los consumidores y los minoristas, se reúnen para comprar y vender**. Puede tener lugar prácticamente en cualquier sitio, pero la mayoría de los mercados se celebran en centros comerciales, en calles principales u, hoy en día, en páginas web. Pero un mercado también puede aludir a todo un grupo de compradores de un determinado tipo de bien o servicio, como el mercado de la alimentación, el mercado de los jugadores o el mercado del ocio.

A veces, los mercados pueden fallar cuando el resultado competitivo de ese mercado (el **mecanismo de mercado**) no es lo más eficiente posible y los costes para la sociedad son demasiado grandes o los beneficios demasiado pequeños. El mecanismo de mercado es el sistema de libre mercado de oferta y demanda en el que vendedores y compradores determinan el precio y la cantidad de los bienes y servicios comercializados.

El fallo del mercado puede ser **total** o **parcial**. Un ejemplo de fallo **total** podría ser el alumbrado público, en el que no hay mercado. Es evidente que existe una necesidad, pero no hay beneficio. Imagínate tener que echar una moneda en cada farola para encenderla y que el tipo que está detrás de ti se cuele para obtener el beneficio gratis.

Un **fallo parcial** significa que un mercado puede seguir funcionando, pero la demanda no es igual a la oferta. Se produce la cantidad equivocada de un bien o servicio, o a un precio erróneo.

La educación es un ejemplo de fallo parcial, ya que no se utilizaría o produciría lo suficiente si se dejara totalmente en manos del libre mercado. Por lo tanto, es necesaria la intervención del gobierno para ayudar a lograr la eficiencia económica proporcionando escuelas estatales.

Las causas de los fallos del mercado son muy diversas. Las siguientes son algunas de las más comunes:

La **externalidad** es cuando un tercero, no el comprador ni el vendedor, obtiene un beneficio o una pérdida. Puede ser de dos tipos: **positiva** y **negativa**. El inglés Tim Berners-Lee desarrolló la web mundial y la puso gratuitamente a disposición de todo el mundo, lo que la convierte en una **externalidad positiva**. Una externalidad **negativa** puede ser cuando una fábrica ribereña contamina el agua, que luego se filtra y contamina el suministro de agua local.

Los **bienes de mérito** y **de deméri-to**. Un **bien de mérito** proporciona un beneficio a la sociedad, siendo la educación y la sanidad dos ejemplos. En estos sectores puede existir un mercado libre, pero no es suficiente para maximizar el bienestar social. Los bienes de **demérito** producen externalidades negativas cuando se consumen y, por lo general, siempre en exceso en un mercado libre. El tabaquismo es un buen ejemplo, ya que los no fumadores lo sufren y la sociedad tiene un enorme coste económico porque la gente enferma y debe ser tratada por el sistema sanitario.

Los **bienes públicos** son bienes o servicios que toda la sociedad puede utilizar y que el gobierno proporciona a través de los impuestos. La defensa nacional y la policía son dos ejemplos claros, pero el aire limpio y el agua potable son otros dos bienes públicos más básicos (véase el apartado que trata sobre ellos).

DIFERENTES ECONOMÍAS

¿Qué tienen en común Hong Kong, Estados Unidos y Corea del Norte? Por extraño que parezca, presentan tipos de economía similares. Es cierto que Hong Kong y Corea del Norte se encuentran en extremos diferentes de un amplio espectro, mientras que la tierra de la libertad (Estados Unidos) tiene más implicación gubernamental de la que se pueda imaginar.

Hay tres tipos principales de sistemas económicos: el mercado **libre**, la **economía dirigida** y la **economía mixta**. El mercado libre también se conoce como *laissez-faire* y se caracteriza por tener poca o ninguna interferencia del gobierno. En este mercado, el problema básico de qué producir, cómo producir y para quién producir lo resuelven **las fuerzas del mercado**.

La siguiente es la economía dirigida, también conocida como **planificación central**. Componente del **sistema político comunista**, en ella el gobierno asigna todos sus escasos recursos, incluida la mano de obra. Corea del Norte es un excelente ejemplo de economía dirigida, pero ni siquiera esta es la economía total, centralizada y planificada que podría parecer. Corea del Norte tiene incluso algunas empresas privadas, cuya importancia económica crece en ese mismo Estado privado.

El tercer sistema económico es la economía mixta. Se trata de un cruce entre la economía de mercado y la economía dirigida, y la mayoría de los países del mundo tienden a utilizar este sistema, incluso teniendo en cuenta los extremos de ambas. Por lo general, un gobierno fomentará la empresa, pero también regulará los distintos mercados si es necesario, así como cuando se produzcan fallos en este. Las economías mixtas tenderán a interferir en los mercados para reducir la desigualdad y las externalidades negativas, y controlar los bienes de demérito, como el tabaquismo, al tiempo que proporcionan bienes públicos como el alumbrado público y la policía. Estados Unidos es un ejemplo de economía mixta. El gasto del Gobierno federal representa alrededor del 45 % del **producto interior bruto (PIB)**.

MARGINALIDAD

El **análisis marginal** es un principio importante de la economía para ayudar a las empresas a maximizar sus recursos, ya sean humanos, materiales o de equipo, permitiéndoles tomar decisiones de forma incremental. Lo que quiero decir con «incremental» es la adición de uno, ya sea el coste de fabricar un bien más o la rentabilidad de emplear a una persona más. Los economistas lo llaman marginal. Si el coste total de producir cinco bienes es de 2.000 €, mientras que el coste de seis bienes es de 2.350 €, el **coste marginal (CM)** de producir el sexto es de 350 €.

El **ingreso marginal (IM)** es el ingreso adicional obtenido por la venta de una unidad adicional. Si el IM es mayor que el CM, habrá que seguir aumentando la producción. Como la mayoría de las empresas intentan maximizar los beneficios, una vez que el IM es igual al CM, a la empresa le resultará menos rentable producir más.

El coste marginal es el coste adicional de producir una unidad más. Si lo representaramos en un gráfico, se parecería un poco al logotipo de Nike, ya que, al principio, los costes bajarán, pero luego volverán a subir a medida que se produzcan más unidades con mayor coste.

INGRESOS

Cualquier tipo de empresa desea más **ingresos**, ya sea una organización benéfica que quiere ayudar a los necesitados, una pequeña empresa que emplea a más trabajadores, una corporación que pretende aumentar la inversión de capital o un gobierno que aspira a construir más hospitales y escuelas.

Los **ingresos totales (IT)**, también conocidos como **volumen de negocio**, son la cantidad total de dinero que recibe una empresa por la venta de sus bienes y servicios. Recuerda que los **ingresos no son beneficios**. Una empresa puede tener enormes ingresos, pero también grandes costes, por lo que el beneficio puede ser bastante pequeño. En general, tener mayores ingresos permite obtener mayores beneficios, ya que se dispone de más dinero para invertir en trabajadores, maquinaria o incluso para expandirse comprando otra empresa en una adquisición.

La fórmula de los ingresos totales es sencilla: **precio (P) × cantidad (Q)**. Se puede abreviar $IT = P \times Q$.

Los **ingresos medios (IM)** son los ingresos por unidad, es decir, el precio de cada bien o servicio vendido. En algunos gráficos puede aparecer $D = IM$, ya que la **demanda es lo mismo que el ingreso medio**. La fórmula es: **ingreso medio = ingreso total dividido entre la cantidad**, abreviado $IR = IM \div Q$.

Por último, está el **ingreso marginal (IMg)**. Se trata de los ingresos adicionales generados por la venta de una unidad más de producción, es decir, de bienes y servicios. Los ingresos marginales son importantes porque representan la diferencia entre los ingresos totales a distintos niveles de producción. Los ingresos marginales siguen la **ley de los rendimientos decrecientes,** que establece que cualquier aumento de la producción dará lugar a incrementos menores de la producción. Mientras el ingreso marginal (IMg) sea mayor que el coste marginal (CMg), una empresa seguirá obteniendo beneficios crecientes. Una vez que el IMg sea igual al CMg, una empresa debe dejar de vender más unidades de sus bienes o servicios, ya que habrá alcanzado **la maximización de beneficios**. Si se sigue produciendo más allá de este punto, los beneficios disminuirán.

¿QUÉ ES EL BENEFICIO?

Las empresas tienen contables, que dirán que los ingresos menos los costes equivalen a los beneficios. Pero los economistas saben más. El **beneficio económico**, también conocido como **beneficio normal**, es diferente porque los economistas utilizan la fórmula: **ingresos menos costes explícitos menos costes implícitos**.

Desglosemos los costes. Los costes **explícitos** representan el coste del alquiler, las facturas de teléfono, los salarios y todos esos gastos habituales.

Los **costes implícitos** son el **coste de oportunidad** de dedicar tiempo y dinero a hacer otra cosa. Sencillamente, una empresa no ganaría más dinero en otro mercado y, por tanto, es mejor que se quede con su mercado empresarial actual.

Así pues, obtener un beneficio económico o normal significa que **los ingresos totales son iguales a los costes totales**, según la fórmula económica: **ingresos menos costes explícitos menos costes implícitos = cero**.

Por ejemplo, supongamos que Kim Kardashian decide cambiar de carrera y abrir una granja de cerdos.

Su contable le dirá: «Ingresos 5.000.000 $ – gastos 3.000.000 $ = beneficios 2.000.000 $». Su economista le dirá: «Ingresos 5.000.000 $ – costes explícitos 3.000.000 $ – costes implícitos 80.000.000 $ = pérdida económica 78.000.000 $». ¡El coste de oportunidad de cambiar de negocio no merece la pena para nuestra Kim!

Una definición de beneficio normal puede ser la recompensa mínima necesaria para que una empresa continúe dentro de ese mercado concreto. Suele utilizarse en análisis «hipotéticos» a la hora de considerar estrategias empresariales y tampoco suele registrarse en los estados financieros de una empresa, ya que no existe ningún requisito legal al respecto.

El **beneficio supernormal** o **anormal** es simplemente un beneficio superior al normal o superior a cero. Mientras que el beneficio normal es ingreso total igual a coste total, el supernormal es cuando el ingreso total es mayor que el coste total. Las empresas que entran en un nuevo mercado al principio tienden a obtener beneficios supernormales, pero, poco a poco, más empresas se ven atraídas por ese mercado debido a los beneficios supernormales que se obtienen. Esto aumenta la competencia y las posibilidades de elección de los consumidores, por lo que, a largo plazo, la mayoría de las empresas tienden a obtener beneficios normales.

OBJETIVOS EMPRESARIALES

Hay muchos motivos por los que una empresa puede crecer. Puede ser filantrópico, para ayudar a los demás, pero la mayoría de las veces es una aspiración puramente empresarial la que la impulsa: ganar más dinero, generar más cuota de mercado o ganar más seguridad frente a una adquisición.

La mayoría de las empresas se mueven por el **afán de lucro**, pero a veces buscan aumentar las ventas o los ingresos. Me centraré en tres aspectos: **maximización del beneficio, maximización de las ventas** y **maximización de los ingresos**.

La **maximización del beneficio** se produce cuando la diferencia entre los ingresos totales y los costes totales es máxima o, como lo describen los economistas, cuando los ingresos marginales son iguales a los costes marginales (véase el apartado *Marginalidad*). El gráfico de la página 40 explica cómo, mientras el IMg sea mayor que el CMg, es beneficioso para una empresa seguir aumentando la producción, pero una vez que el IMg es igual al CMg, cualquier producción adicional disminuiría el beneficio y, potencialmente, si continuara, daría pérdidas, ya que los costes serían mayores que los ingresos. Determinar la maximización del beneficio no es fácil. Hay muchas variables: lo competitivo que es el mercado y los objetivos a corto y largo plazo, así como los objetivos sociales y otros más.

La **maximización de las ventas**, también conocida como **maximización del crecimiento**, se centra en aumentar el volumen de las ventas en contraposición a la cantidad de beneficios o ingresos obtenidos. La fórmula es: **ingreso medio (IM) = coste medio (CM)**. Como definición, se podría decir que es **el objetivo de una empresa de vender tantas unidades de un bien o servicio como sea posible, sin tener pérdidas**. De hecho, es el **punto de equilibrio** de una empresa. Una empresa nueva, a corto plazo, puede querer establecer una cuota de mercado y fidelizar a sus clientes, por lo que venderá a un precio más bajo, obteniendo unos beneficios normales (véase la página 37). Una vez establecida una cuota de mercado suficiente, la empresa puede pasar a una estrategia de maximización de beneficios y aumentar los precios.

El tercer objetivo empresarial es la **maximización de los ingresos**, que siempre considero similar a la maximización de las ventas. Es una alternativa a la maximización de beneficios y se da cuando el **ingreso marginal (IMg) por la venta de una unidad adicional es cero (IMg = 0)**. Esto significa que no hay beneficio económico por vender más bienes o servicios. El aumento de los ingresos puede permitir a las empresas tener un crecimiento interno

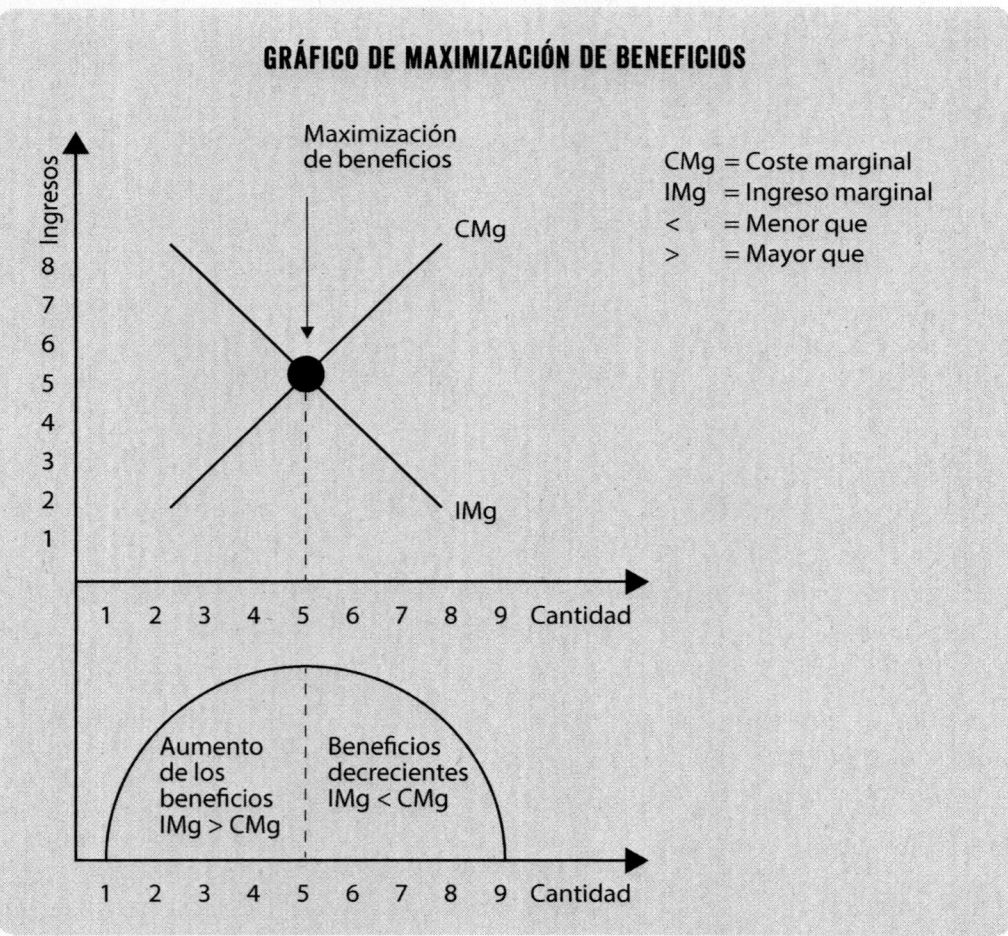

GRÁFICO DE MAXIMIZACIÓN DE BENEFICIOS

Maximización de beneficios

CMg = Coste marginal
IMg = Ingreso marginal
< = Menor que
> = Mayor que

Ingresos

CMg

IMg

Cantidad

Aumento de los beneficios IMg > CMg

Beneficios decrecientes IMg < CMg

Cantidad

mediante inversiones autofinanciadas y no tener que hacer frente a los gastos de préstamos bancarios u opciones sobre acciones.

La maximización de los ingresos y de las ventas pueden no contentar a los accionistas, ya que cuando las empresas obtienen beneficios reciben **dividendos**. Esto pone de relieve un problema muy conocido: el del **principal** y el **agente**.

El **problema principal-agente** puede describirse como un conflicto de prioridades. Los propietarios, como los accionistas (el principal), no pueden dirigir el día a día de una empresa.

Por eso, contratan a directores generales, directores y gerentes (el agente) para que tomen las decisiones. Esos agentes pueden tener objetivos empresariales distintos, como la maximización de los ingresos o de las ventas en lugar de la maximización de los beneficios. Puede que el agente obtenga una mayor recompensa, como son las primas, si aumentan las ventas o los ingresos. Parte del problema es la **información asimétrica**. El agente puede tener más conocimientos a la hora de tomar decisiones cotidianas, pero el resultado puede no ser el que le gustaría al principal.

ELASTICIDAD

El concepto de **elasticidad** ayuda a las empresas a tomar decisiones económicas relativas a la fijación de precios, que afectan a los ingresos y los beneficios, así como a la publicidad, el *marketing* y otras prácticas operativas.

Las tres formas más conocidas son: **elasticidad precio de la demanda, elasticidad renta de la demanda** y **elasticidad cruzada de la demanda.** Me centraré en la elasticidad precio, que se abrevia **PED**. La elasticidad explica la capacidad de respuesta de una variable, por ejemplo la demanda, a un cambio en otra variable, como el precio.

Parece complicado, pero tenemos una ecuación que nos ayuda a encontrar respuestas. En este caso es para la PED, aunque todos los tipos de elasticidad tienen ecuaciones similares:

$$\frac{\% \text{ de variación de la demanda}}{\% \text{ de variación del precio}}$$

¿Qué queremos decir con esto? Supongamos que papá llega a casa del trabajo una tarde y exclama: «¡La gasolina ha vuelto a subir. Se acabó. Vendemos el coche! Voy a comprar un rebaño de alpacas y las usaremos para visitar a la tía Mabel la semana que viene». Pero al día siguiente el depósito de gasolina del coche se llena por si los precios suben aún más.

Digamos que el precio de la gasolina ha cambiado y ha subido un 10 %. Puede que algunos opten por la vía de la alpaca, pero la mayoría seguiremos comprando como antes. La demanda de los consumidores puede caer un poco, digamos un 1 % en este caso, pero será menos que el aumento del precio del 10 %. ¿Cuál es la elasticidad de la demanda ante un cambio al alza del precio?

En realidad, es muy **inelástico**, lo que significa que no cambia realmente, ya que los consumidores seguirán comprando la misma cantidad a pesar del aumento del precio. La gente considera que es una necesidad ir de compras, llevar a los niños al entrenamiento de *rugby*, visitar a la tía Mabel, etc. Mientras el porcentaje de variación de la demanda sea inferior al porcentaje de variación del precio, la demanda será inelástica. Si un aumento porcentual del precio provoca una disminución porcentual mayor de la demanda, entonces es elástica.

Una de las principales razones de la inelasticidad de la gasolina es que no hay sustitutos reales. Sí, los coches eléctricos están aumentando las ventas, pero la gasolina seguirá siendo la reina durante algún tiempo. Todas las empresas se esfuerzan por tener bienes o servicios inelásticos porque, aunque suban los precios, la demanda se mantiene relativamente inalterada y así la empresa obtiene mayores ingresos y beneficios.

La gasolina es un buen ejemplo de inelasticidad, pero también lo son los cigarrillos y las drogas.

Además de un bien o servicio inelástico, las industrias monopolísticas también tienden a ser inelásticas.

Un monopolio es una industria con **ausencia de competencia**. Google es un buen ejemplo, ya que controla más del 90 % del mercado de los motores de búsqueda.

Cuanto más **necesario** es un bien o servicio, más inelástico es. Un **deseo** es más elástico porque, a medida que suben los precios, la demanda disminuye a un ritmo mayor.

IMPUESTOS INDIRECTOS

El **impuesto indirecto** es un impuesto que grava bienes y servicios. Es indirecto, principalmente, porque el cliente paga el impuesto a una empresa. A continuación, la empresa calcula todos los impuestos entrantes y salientes que tiene, y el **importe neto** se envía al gobierno. De hecho, las empresas se convierten en recaudadoras de impuestos.

EE. UU. tiene un **impuesto sobre las ventas**, cuyo tipo impositivo sobre bienes y servicios lo decide cada estado y no a nivel federal. El impuesto equivalente en el Reino Unido, el **VAT** (Value Added Tax), como el **IVA** (Impuesto sobre el Valor Añadido/Agregado) en España o Hispanoamérica, está bajo la dirección del gobierno nacional, mientras que **Australia** posee un impuesto similar llamado **Impuesto sobre Bienes y Servicios (GST)**. Los impuestos indirectos también pueden denominarse **impuestos sobre el gasto**.

El **IVA** del Reino Unido es actualmente del 20 %, pero artículos como la educación y los actos benéficos están exentos, mientras que los alimentos tienen un tipo cero. Ni que decir tiene que el impuesto sobre las ventas organizado por los estados de EE. UU. es muy complejo y variado en un país tan extenso.

Como todos los impuestos, los indirectos se aplican para generar ingresos para el gobierno, pero también para desincentivar el uso de productos «nocivos» y fomentar los «buenos». El alcohol puede considerarse perjudicial, mientras que los alimentos son un ejemplo que hay que fomentar, aunque lo que se conoce como «comida basura» puede estar gravada.

Hay dos tipos principales de impuestos indirectos: **específicos** y *ad valorem*. Un **impuesto específico** o **unitario**, a veces conocido como **arancel**, es una **cantidad fija de impuesto por unidad vendida**, como 10 peniques por cada paquete de cigarrillos. El *ad valorem*, como el IVA en el Reino Unido, es un impuesto porcentual que grava un bien o servicio en función de su valor, y suele expresarse en porcentaje. Si un bien cuesta 10 libras, el IVA añadido será de 2 libras, por lo que tú, como consumidor, pagarás 12 libras. *Ad valorem* se traduce como «según el valor». Es un impuesto muy útil para el gobierno porque, a medida que crece la economía, se obtienen mayores ingresos fiscales al comprarse más bienes y servicios. El gobierno no tiene que ajustar el tipo porcentual, sino simplemente recaudar más ingresos.

SUBVENCIONES

Una **subvención** es un beneficio que el gobierno concede a las empresas para fomentar la producción y el consumo. La gran mayoría de las veces se otorga a la industria, pero también puede abarcar un particular o una institución. Normalmente, es un pago directo en efectivo con una cantidad específica pagada por unidad producida, pero podría ser indirecto, como a través de una desgravación fiscal. Las subvenciones animan a las empresas a emprender actividades económicas que el gobierno considera de interés público. Es lo contrario de un impuesto.

Como casi todo en la vida, las subvenciones tienen su reverso. Pueden ser caras. La presión fiscal aumenta, ya que el gobierno tendría que generar más ingresos para pagar las subvenciones. También se argumenta que subvencionar a las industrias reduce los incentivos para ser más innovadoras y eficientes. Un ejemplo de ello es la Política Agrícola

ALGUNOS EJEMPLOS DE SUBVENCIONES

En las energías renovables, como la solar y la eólica, para reducir nuestra dependencia de los combustibles fósiles; en la sanidad, como el National Health Service (NHS) del Reino Unido, pero reproducido en todo el mundo, para garantizar que la población en general pueda acceder a una atención médica que no dependa de los ingresos; en la industria agrícola, también aplicada en todo el mundo, donde un gobierno puede decidir subvencionar a los agricultores para abaratar sus productos y así animar a la gente a comer alimentos más sanos; en la vivienda, para proporcionar alojamiento asequible a los compradores primerizos o a quienes tienen bajos ingresos; para los exportadores, para aumentar el superávit comercial o reducir un déficit comercial. Otro ejemplo es el transporte público, que puede dar lugar a una externalidad positiva, ya que el uso de menos coches ayuda a reducir la contaminación y la congestión.

Común de la Unión Europea. Esta garantiza que los agricultores reciban una cantidad mínima por sus productos mediante el control de la oferta. En algunas circunstancias se retiran productos para mantener el precio y garantizar que los agricultores sigan en activo. Además, las subvenciones en general son medidas temporales, pero una vez introducidas pueden ser políticamente difíciles de retirar incluso cuando se produce una pérdida neta de bienestar para la sociedad.

CÓMO CRECEN LAS EMPRESAS

Hay circunstancias en las que una empresa puede no ser capaz de crecer. Puede que se encuentre en un nicho de mercado y le resulte difícil expandirse. Puede haber limitaciones de experiencia o de fondos. Las normativas gubernamentales pueden restringir el crecimiento, como cuando se necesita una licencia –por ejemplo, en el caso de un abogado– para hacer negocios. Por otra parte, que una empresa siga siendo pequeña puede ser una estrategia deliberada, por ejemplo, para escapar del interés de empresas más grandes y evitar una posible adquisición. Sin embargo, muchos empresarios sueñan con ser los próximos Henry Ford, Andrew Carnegie, Richard Branson o Jeff Bezos. Aunque las estadísticas demuestran que la mayoría de las empresas fracasan, ese sueño sigue presente con mucha fuerza entre los jóvenes emprendedores.

¿Cómo crecen las empresas? Hay dos tipos de crecimiento: **interno** o **externo**.

La **expansión interna**, u **orgánica**, es la forma en que una empresa retiene suficientes beneficios para reinvertir su propio dinero en nuevos activos, como nueva tecnología, nuevo personal o nuevas fábricas.

La segunda opción, la **expansión externa**, también se conoce como **crecimiento inorgánico**. Suele producirse en un plazo más breve, ya que el crecimiento se logra mediante la integración con otras empresas. Una fusión puede llevarse a cabo por mutuo acuerdo o mediante una adquisición hostil, cuando una empresa compra acciones de otra sin el acuerdo del consejo de administración de esa empresa.

La **integración** puede ser **horizontal**, **vertical** o **conglomerada**. La **integración horizontal** es la fusión de dos empresas en la misma fase de producción, como ocurrió en 2006 cuando Disney adquirió Pixar en una operación de 7.400 millones de dólares. La integración **vertical** es la unión de dos empresas en distintas fases del proceso de producción. Puede ser hacia atrás, hacia la fase anterior de producción y más cerca de la fuente del producto, o hacia delante, hacia la siguiente fase de producción y más cerca del consumidor. Un ejemplo es la adquisición de Android por parte de Google en 2005. La última es la **integración conglomerada** o **diversificada**. Se produce cuando empresas que operan en mercados completamente distintos se fusionan. La surcoreana **Samsung** está presente en muchos mercados distintos: teléfonos inteligentes y construcción naval, por citar solo dos.

COSTES

Gastos, desembolso, importe, tarifas generales y cuotas son términos que designan lo mismo: costes.

Pero ¿cuáles son esos costes? Bien, respira... costes fijos, costes variables, coste total, coste medio, coste variable medio, coste fijo medio, coste marginal, costes irrecuperables, coste a corto plazo, coste a largo plazo, por no mencionar el coste de oportunidad, el coste social y algunos más... ¡Hay muchos costes!

Los **costes son** los gastos totales en que incurre una empresa por producir bienes y servicios. Los básicos son los **fijos** y los **variables**, que, sumados, constituyen el **coste total (CT)**. Los costes **fijos (CF)** también se conocen como **costes indirectos**. No varían con la producción de la empresa, sino que permanecen constantes a lo largo del tiempo. Algunos ejemplos son el alquiler, los seguros o el personal asalariado. Los **costes variables (CV)**, también conocidos como **costes directos**, varían con la producción. Si aumenta la producción, también aumenta el coste de las materias primas y el combustible.

El **coste medio (CM)** es básicamente el coste individual de un producto y, a veces, se presenta como **coste medio total (CMT)**. Es el coste medio por unidad producida y se muestra como: **CM = CT/Q** (cantidad). La fórmula del **coste fijo medio (CFM)** es: **TFC/Q**, mientras que el **coste variable medio** es: **TVC/Q**.

El **coste marginal** es el coste adicional de producir un bien adicional. Es el cambio en **el coste total dividido entre** el cambio en la cantidad o Δ **CM = cambio CT/cambio Q**.

Un **coste irrecuperable** es un coste que no se puede recuperar. La publicidad es un buen ejemplo.

Los **costes a corto** y **largo plazo** son difíciles de escalar en el tiempo. Cada sector se verá afectado de forma diferente: la venta de *pizza* puede adaptarse a las condiciones del mercado más rápidamente que la extracción de oro. A **corto plazo**, uno de los factores **de producción es fijo**, normalmente **el capital**, ya que se tarda más en construir una nueva fábrica, mientras que a **largo plazo** todos los factores son **variables**.

CONCENTRACIÓN DEL MERCADO

La mayoría de la gente habrá oído hablar del **monopolio**, pero también existen el **monopsonio**, la **competencia monopolística** y el **oligopolio**.

Un **monopolio** es una empresa que puede dominar una industria, con un vendedor y muchos compradores. Como requisito mínimo para ser considerado monopolio, una empresa debe tener el 25 % de la cuota de mercado, pero los monopolios están desaconsejados en las economías de libre mercado, ya que ahogan la competencia y la capacidad de elección de los consumidores.

Aparte de la **cuota de mercado**, hay una serie de características: **beneficios supernormales** a corto y largo plazo, **barreras elevadas** para entrar en esa industria y poder de **fijación de precios** dentro de ese mercado. En un **monopolio puro** hay un único vendedor. El sector británico de los supermercados es un monopolio porque Tesco posee más del

25 % de la cuota de mercado, pero también es un oligopolio.

Un **oligopolio** es una industria o mercado dominado por unas pocas empresas; una industria en la que existe un **alto nivel de concentración del mercado**. Sus características son: **interdependencia,** ya que las empresas se verán afectadas por la forma en que otras fijan el precio y la producción; **barreras de entrada** que impiden a los nuevos operadores ganar cuota de mercado, aunque no son tan altas como en un monopolio; y **productos diferenciados**, ya que las empresas compiten a menudo en factores distintos del precio, como la publicidad y la calidad del producto.

Mientras que el monopolio implica un vendedor y muchos compradores, el **monopsonio** es lo contrario, con un comprador y muchos vendedores. Un ejemplo clásico es el de un **empresario monopsonista** con poder de mercado en la contratación de trabajadores. Imaginemos una ciudad dominada por un gran empresario capaz de fijar los salarios y el número de empleados. A las empresas monopsonio no les suele gustar que haya **sindicatos** que representen los derechos de los trabajadores, ya que este tipo de negociación colectiva proporciona a los trabajadores un poder de negociación más igualitario y unos salarios potencialmente más altos.

En la **competencia monopolística** hay muchas empresas que ofrecen bienes o servicios similares, pero que se diferencian por los precios y el *marketing*. Ofrece una gran libertad de entrada y salida del mercado, lo que dificulta la obtención de beneficios extraordinarios. La calle principal de cualquier ciudad es un ejemplo de competencia monopolística, con empresas dentro del mismo mercado que compiten en calidad y diferenciación tanto como en precio.

MERCADOS COMPETITIVOS

Hacer que un mercado sea más **competitivo** significa ayudar al consumidor. Debería crear más competencia, permitiendo que el consumidor tenga más opciones, y esto a su vez tiende a hacer que los precios de los bienes y servicios sean más bajos.

Un **mercado competitivo** presenta una serie de características. Permite la **libre entrada** en una industria con unos costes de salida también muy bajos. Cuando las empresas pueden entrar fácilmente en un mercado, las **empresas** ya presentes en él se ven obligadas a mantener los precios cerca del equilibrio, lo que disuade a las nuevas empresas de entrar en el mercado, en el que solo pueden obtener beneficios normales. En un **nuevo mercado emergente**, puede haber beneficios superiores a los normales, por lo que las nuevas empresas pueden entrar en el mercado con una estrategia de «golpear y huir». Abandonan el mercado una vez que los beneficios se ven mermados por el aumento de la competencia. Tampoco hay **costes irrecuperables**, o son mínimos, y las empresas pueden abandonar el mercado y recuperar la mayor parte de los costes. Además, cuanta más tecnología esté disponible en general, más posibilidades habrá de que entren en el mercado nuevos operadores.

AFIRMACIONES POSITIVAS Y NORMATIVAS

Verdadero o falso, opinión o juicio de valor, realidad o ficción son los factores que determinan si una afirmación es un **enunciado positivo o normativo**.

Las **afirmaciones positivas** pueden verificarse como verdaderas o falsas. Se basan en el análisis objetivo de datos, hechos y cifras relevantes. Estas afirmaciones pueden comprobarse con pruebas objetivas, por lo que pueden aceptarse o rechazarse. Dentro de las frases, busca palabras como «será» y «es» como prueba de una afirmación positiva.

He aquí un par de ejemplos de afirmaciones positivas: «La sanidad pública aumenta el gasto público». Esta afirmación se basa en hechos; se puede comprobar si es cierta o no analizando los datos económicos pertinentes. O qué me dices de «Aumentar el impuesto sobre el alcohol provocará una caída de la demanda y de los beneficios de los propietarios de bares». De nuevo, pruebas como las cuentas de los propietarios determinarán si la afirmación es verdadera o falsa. En ambos casos, la afirmación no tiene ningún juicio de valor.

La economía positiva fue popularizada por el influyente economista **Milton Friedman**, quien consideraba que la ciencia económica debía analizar objetivamente los datos sin ningún sesgo ni agenda.

Las **afirmaciones normativas** se basan en juicios de valor. Son subjetivas, tienen su origen en una perspectiva personal y se ofrecen como opinión más que como prueba fáctica, aunque es mucho mejor utilizar el término «juicio de valor» que

EJEMPLOS DE AFIRMACIONES NORMATIVAS

«El libre mercado es la mejor forma de asignar recursos». Esta afirmación se basa en un juicio de valor y sugiere que un método de asignación de recursos es mejor que otro sin ofrecer ninguna información objetiva como prueba. «El gobierno debería aumentar los impuestos sobre el alcohol». De nuevo, no se aporta ninguna prueba, mientras que el uso de la palabra «debería» es una clara indicación de que se trata de una afirmación normativa.

el de «opinión». El objetivo normativo es resumir la conveniencia, o no, de diversos desarrollos y situaciones económicas cuestionando lo que *debería ocurrir* o lo que *debería ser*. Dentro de las frases, busca palabras como «debería» y «sería» como prueba de una afirmación normativa.

Fue el duque de Wellington quien dijo: «Hay mentiras, malditas mentiras y estadísticas», y los economistas pueden emitir juicios diferentes basándose en el mismo conjunto de estadísticas. Como puedes imaginarte, los políticos utilizan con frecuencia afirmaciones normativas, desplegando lo que a veces se denomina economía de «lo que debería ocurrir» o «lo que debería ser».

FRONTERA DE POSIBILIDADES DE PRODUCCIÓN

La **frontera de posibilidades de producción (FPP)**, también denominada a veces **curva de posibilidades de producción**, indica que la economía de un país ha alcanzado su máximo nivel posible de eficiencia en función de los recursos disponibles. Esos recursos son los factores de producción: capital, espíritu empresarial, tierra y trabajo. Recordemos que el problema económico básico se debe a que los deseos son infinitos pero los recursos finitos.

La FPP desempeña un papel importante en economía y se ilustra mediante el uso de una curva en un gráfico para demostrar la producción máxima posible de dos productos si ambos dependen de los mismos recursos finitos para su fabricación. Esto pone de relieve el problema de elegir cómo utilizar esos recursos escasos. Como ocurre con todos los bienes y servicios, existe un coste de oportunidad a la hora de decidir qué combinación de los dos bienes o servicios se va a producir. Si aumenta la producción del bien x, tiene que disminuir la del bien y (véase el gráfico de las páginas siguientes en este mismo apartado).

Tomemos como ejemplo los **bienes de capital** (maquinaria utilizada para producir bienes acabados) y los **bienes de consumo** (el producto acabado propiamente dicho que se vende al consumidor). Un aumento de la producción de bienes de capital incrementará la capacidad productiva a largo plazo de la economía y elevará el nivel de vida.

La FPP también puede ilustrar los conceptos de compensaciones y objetivos contrapuestos. Las **compensaciones** se producen cuando hay que elegir entre usos contrapuestos: por ejemplo, departamentos gubernamentales que compiten por una mayor parte de la economía o el presupuesto nacional, ya sea la sanidad, la educación o las prestaciones por desempleo. También pueden surgir **objetivos contrapuestos**, dado el coste de oportunidad que supone decidir qué bienes y servicios producir. Puede ser más rentable fabricar más armas, pero el mundo puede ser un lugar mejor si se cultivan muchas más rosas.

Las fronteras de posibilidades de producción pueden moverse hacia fuera o hacia dentro. **Hacia fuera** significa que se ha producido un aumento del crecimiento económico gracias al incremento de los factores de producción (CELL). Esto debería traducirse en una nación más rica. Puede haber varios factores en juego. La **innovación** aumenta la eficacia e incrementa la producción. La

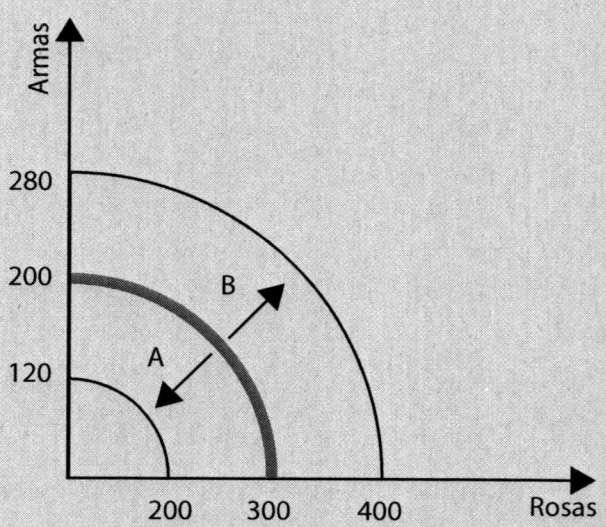

FRONTERA DE POSIBILIDADES DE PRODUCCIÓN

? = FPP original
A = (Desplazamiento hacia dentro) - Declive económico
B = (Desplazamiento hacia fuera) - Crecimiento económico

inversión compra mejor maquinaria y aumenta la productividad. La **educación** y la **formación** mejoran los conocimientos y aumentan la productividad. Mejores **métodos de producción**, como la especialización laboral, mejoran las cualificaciones y la productividad. La **inmigración** aumenta el número de trabajadores disponibles, lo que permite aumentar la producción.

Hacia dentro indica declive económico, cuando los factores de producción se utilizan al máximo. Por ejemplo, una fábrica, en lugar de trabajar a **pleno rendimiento**, tiene **capacidad sobrante**. Hay menos demanda de los bienes que produce, por lo que, para mantener los beneficios, puede que tenga que despedir a trabajadores. Esto suele ocurrir durante una recesión económica. Cuando aumenta la demanda del bien que produce la fábrica, la empresa puede aumentar la producción gracias a esa capacidad sobrante, siempre que no se haya deshecho de demasiados trabajadores.

ECONOMÍAS Y DESECONOMÍAS DE ESCALA

El tamaño puede ser importante, pero ser demasiado grande también puede ser un problema. En otras palabras, economías y deseconomías de escala.

Las **economías de escala** son una ventaja que una empresa grande puede obtener sobre una pequeña. Para ello, aumenta su eficacia aumentando la producción y reduciendo los costes. Cuantos más bienes se produzcan, mayor será la dispersión de costes, lo que reducirá el coste medio de cada bien. Un ejemplo clásico de economía de escala es la **compra al por mayor**. Si una empresa compra un bien, tiene el coste de producción de ese bien y el coste de entrega. Pero si una empresa encarga grandes cantidades de un producto acabado o de una materia prima, reduce los costes de producción y de entrega. Esto se debe a que, una vez completado el gasto del montaje de producción, cuanto más se produzca, menor será el coste. Si a esto añadimos que un camión puede entregar grandes cantidades con la misma rapidez que un solo artículo, los costes por bien producido se reducen.

Una empresa con tal ventaja tiene varias opciones. Para contentar a los accionistas, puede decidir aumentar los dividendos o incluso los salarios de sus trabajadores. Puede retener esos beneficios y utilizar ese impulso financiero para invertir más en el negocio o para adquirir otra empresa. También puede decidir ser más competitiva bajando sus precios para ganar una mayor cuota de mercado.

Las economías de escala **internas** se refieren a una empresa, mientras que las **externas** denotan toda una industria.

Existen diversas economías de escala internas. He aquí algunas: técnicas, administrativas, de compra, financieras y de asunción de riesgos.

Las **deseconomías de escala** se producen cuando una empresa crece tanto que se vuelve menos eficiente y aumentan los costes por unidad, a pesar de que la producción crece, lo que normalmente reduce los costes. La gestión de una gran plantilla puede dar lugar a deseconomías por diversas razones. Un ejemplo clásico son las comunicaciones. A medida que una empresa crece, más personas de todos los niveles y departamentos necesitan información precisa para desempeñar su trabajo. Ese flujo de información puede llevar tiempo, un retraso conocido como **desfase temporal**, con la posibilidad de que la información se distorsione a medida que circula por la empresa. Esto puede manifestarse en tiempos de respuesta lentos a los cambios del mercado, ya sean gustos, modas, materias primas, tecnología o procesos de producción.

Otras razones de las deseconomías son: x-ineficiencia por falta de competencia; menor productividad por falta de motivación en una plantilla numerosa con posibilidades de escaquearse del trabajo sin que se note; o incluso hacinamiento. A continuación, expongo uno de mis ejemplos favoritos. Un restaurante abre sus puertas y recibe muy buenas críticas. El chef es excelente, tiene una gran cocina y mucho espacio para realizar su trabajo. Así que el dueño del restaurante contrata a otro chef con un espacio y un equipo de sobra. Más tarde contrata a un tercero y luego a un cuarto chef, pero ahora empiezan a estorbarse los unos a los otros, el microondas ya se está utilizando y las claras de ese suflé necesitan batirse más. Y así se produce la ineficacia, suben los costes y el suflé no lo hace.

COLUSIÓN

La **colusión** no es competitiva cuando empresas rivales acuerdan trabajar juntas en beneficio mutuo y no en el del consumidor. La práctica de la colusión se intenta llevar a cabo, generalmente, entre oligopolios o un duopolio con el deseo de influir en los niveles de producción y en los precios, y de perturbar el progreso normal de la competencia leal.

La colusión suele ser ilegal y generalmente secreta, salvo en el caso de la Organización de Países Exportadores de Petróleo, conocida como OPEP. Se trata de un cártel formado por países exportadores de petróleo, 13 en total, que se confabulan para intentar manipular el suministro mundial de petróleo y su precio. Lo hacen acordando la cantidad que cada país miembro suministrará al mercado mundial. Cuando reducen la cantidad de petróleo, los precios suben, y con el aumento de la oferta los precios bajan.

De hecho, no tiene un control total, ya que países productores de petróleo como Estados Unidos, Reino Unido y Noruega no son miembros de ella. Rusia tampoco lo es, pero parece mantener una relación *ad hoc* con la OPEP. Pero a pesar de no tener un monopolio total, esta organización tiene mucho poder.

Capítulo 2

MACROECONOMÍA

La macroeconomía es el estudio de las economías en su conjunto. Es la parte de la economía que se ocupa de los factores económicos generales o a gran escala y de cómo interactúan en las economías.

Banco de la Reserva Federal
(Banco Central de América)

CRECIMIENTO ECONÓMICO

No todos somos economistas, pero para el ciudadano de a pie, si oye en los numerosos medios de comunicación que el **PIB** sube o baja, es muy posible que decida cambiar sus hábitos de gasto. ¿Por qué? PIB significa **«producto interior bruto»** y es una forma de medir cuánto ha producido una nación en un periodo determinado. Si el PIB sube, el país es más rico y la economía crece: la gente gasta más, aumentan los ingresos fiscales y las empresas se expanden gracias a la creación de empleo y la inversión.

Si el PIB baja... bueno, piénsalo.

Los resultados del PIB suelen publicarse trimestral y anualmente, y los datos se recogen de miles de empresas distintas. En el Reino Unido, la Oficina Nacional de Estadística (ONS) recopila y publica las estadísticas, mientras que en Estados Unidos lo hace la Oficina de Análisis Económico (BEA). Ambos organismos son independientes del control gubernamental.

He aquí una rápida explicación de otros términos relacionados con el PIB.

PIB real significa que se ha tenido en cuenta la inflación. Si la economía crece un 3 % en un año, pero la inflación es del 1 %, el crecimiento económico real es del 2 %. El **PIB nominal** es el valor del PIB no ajustado a la inflación. Por lo tanto, un PIB nominal del 3 % puede ser engañoso, ya que podría indicar un PIB superior al real. El PIB *per cápita* es el PIB total dividido entre la población de un país. *Per cápita* significa «por cabeza».

Una variación del PIB es otro término mediático muy conocido: la **demanda agregada (DA)**. Se trata del nivel total de gasto de la economía a un precio determinado. Es un indicador a corto plazo del crecimiento y mide el gasto en bienes y servicios de los consumidores, las empresas y la Administración, sin tener en cuenta las importaciones y las exportaciones. Su fórmula es la siguiente:

$$C + I + G + (X - M)$$

El **consumo (C)** es el componente más importante y representa el gasto de los consumidores en bienes y servicios. La **inversión (I)** es el gasto de las empresas en nuevos proyectos, como bienes de equipo y edificios. El **Gobierno (G)** indica el gasto en nuevos proyectos de construcción como escuelas, hospitales y otras infraestructuras. También incluye el **pago de salarios** a profesores, enfermeras y demás empleados del sector público. **Exportaciones (X) menos Importaciones (M)** es la diferencia entre lo que un **país exporta** y lo que **importa** en bienes y servicios. Si un país **importa** más de lo que **exporta**, tendrá un **déficit comercial** y probablemente será menos próspero.

EL CICLO ECONÓMICO

Los lectores más veteranos tal vez recuerden cuando parecía haber ciclos económicos de **«auge y caída»** de forma regular, en los que las economías pasaban de un periodo de crecimiento a otro de contracción y luego de vuelta. Esa frecuencia parece ser relativamente cosa del pasado. Muchos gobiernos de todo el mundo han mejorado su pensamiento económico y los datos disponibles son mucho más fiables, con el resultado de que esa volatilidad es menos común de lo que solía ser. Dicho esto, el «auge y caída» es una parte normal del **ciclo económico**, también conocido como **ciclo comercial** o **empresarial**.

El **ciclo económico** es el periodo durante el cual la economía fluctúa entre la **expansión** y la **contracción**. La expansión (*boom*) es una época de crecimiento económico, mientras que la contracción (*bust*) es lo contrario, con la economía en declive.

Como sugiere la palabra «ciclo», hay periodos de expansión y contracción, siendo la crisis financiera que comenzó en 2007 la última gran recesión mundial (véase más adelante el apartado *La Gran Recesión*). Este intervalo puede variar mucho según se trate de un país industrializado, como EE. UU., o de una economía emergente, como Vietnam.

El principal indicador del crecimiento económico es el PIB, que mide cuánto producimos en la economía. Los economistas también analizarán toda una serie de datos, como los tipos de interés, los niveles de empleo y el poder adquisitivo de los consumidores.

Como ocurre con todas las situaciones económicas, hay varias formas de describir las diferentes etapas del ciclo económico. He aquí las mías: **expansión**, con un PIB cada vez más fuerte y una gran confianza en las perspectivas económicas. Esto se traduce en mayores niveles de gasto de los consumidores, con una mayor inversión por parte de las empresas y un aumento de los beneficios. Los precios pueden aumentar debido a la demanda, mientras que el desempleo disminuye a causa de las mayores oportunidades de trabajo. La segunda es el **pico económico** de un ciclo, en el que el crecimiento alcanza su tasa máxima y comienza a caer debido a los desequilibrios de la economía. Esto se denomina a veces **sobrecalentamiento**, con una producción incapaz de mantener una oferta que se ajuste a la demanda. La tercera es la **desaceleración** o **recesión**. Indica un descenso de la tasa de crecimiento que puede llegar a ser negativa, con una caída de la confianza económica a medida que aumenta el desempleo. La cuarta es la **recuperación económica**. Las perspectivas económicas mejoran, la confianza aumenta porque los consumidores gastan más, las empresas aumentan la producción y se plantean nuevas inversiones.

PRESUPUESTO NACIONAL Y CONTROL PRESUPUESTARIO

Todos tenemos presupuestos, ya sea el pequeño Daniel preguntándose en qué gastar el dinero que lleva en su bolsillo, sus padres decidiendo sobre un nuevo cuarto de baño o unas vacaciones, o el gobierno nacional ante el dilema de proponer más policías en las calles o mayores ayudas para los que no tienen trabajo.

Básicamente, cualquier tipo de presupuesto implica calcular de qué dinero se dispone y luego cómo gastarlo. Un **presupuesto doméstico** debe gastar dinero en determinados artículos, como la electricidad o los alimentos, mientras que el resto de la **renta disponible** puede aprovecharse para redecorar la vivienda o comprar un coche nuevo, ¡o incluso esos zapatos Louboutin!

Aquí nos ocupamos de los presupuestos a nivel nacional. El **presupuesto federal de EE. UU.** es un proceso muy complicado, en el que ambas cámaras del Congreso participan en la toma de decisiones fiscales una vez que el presidente ha presentado sus propuestas.

En el Reino Unido existe «**el Presupuesto**». Cada año, en una de las grandes escenificaciones teatrales de la política británica, el **ministro de Hacienda** se presenta en la Cámara de los Comunes para anunciar los **planes de gasto público** del Gobierno para el año siguiente, basados en las **previsiones de ingresos y necesidades de financiación**. El **ejercicio presupuestario** comienza el 1 de abril, mientras que el **año fiscal** termina el 5 de abril. Como ocurre con todos los presupuestos, los libros financieros deben equilibrarse, por lo que el Gobierno pide prestado si se prevé que el gasto será superior a los ingresos.

En la actualidad, el primer ministro presenta el Presupuesto en otoño, normalmente a finales de octubre, y en primavera ofrece un «minipresupuesto», más formalmente conocido como Declaración de Primavera, basado en una información económica más actualizada recibida antes del cierre del ejercicio.

En cuanto a las **necesidades de endeudamiento de los** gobiernos, a todos les gusta mantenerse en el poder. Así que, independientemente de la situación económica, a menudo es políticamente conveniente (sobre todo justo antes de unas elecciones generales) que un gobierno gaste más de lo que recibe en ingresos fiscales. Puede, por supuesto, aumentar los impuestos, pero políticamente esto no siempre concuerda con el electorado. Esta generosidad adicional crea inevitablemente un **déficit presupuestario**, y la principal forma de mitigar el déficit de ingresos es pedir prestado a los **mercados financieros del sector privado.** Esto, sin embargo, aumenta la deuda nacional.

Un **déficit fiscal** se produce sobre todo durante una recesión económica, ya que, al haber menos ingresos fiscales, es necesario pedir más préstamos. En periodos de crecimiento económico, unos mayores ingresos fiscales implican menos endeudamiento. El Reino Unido solo ha tenido seis años de **superávit fiscal** desde 1970/71, con el último **superávit presupuestario** en 2000/01. ¿Es esto bueno o malo? Tú decides.

DEUDA Y DÉFICIT

Deuda y déficit son dos de los términos más comunes en macroeconomía. Los medios de comunicación tienden a utilizarlos indistintamente, lo cual es incorrecto, pero ambos se refieren al mismo problema, el de deber dinero, y al funcionamiento de la economía subyacente.

Un gobierno puede tener **déficit fiscal** cuando el gasto supera los ingresos fiscales en un ejercicio. En el Reino Unido, el **endeudamiento neto del sector público** es el término oficial para describir un déficit. La **deuda nacional** es la acumulación de todos los años de déficit en los que se ha tenido que pedir dinero prestado, es decir, el gran total de lo que debe un país.

La deuda nacional de Estados Unidos ronda los 3.100 millones de dólares, la del Reino Unido es de 2.500 millones de libras (2.800 millones de dólares), mientras que la de Alemania es de 2.300 millones de dólares. En muchos sentidos, el tamaño de la deuda es menos significativo que la capacidad del país para reembolsarla. La *ratio* actual de la deuda del Reino Unido con respecto al PIB es de aproximadamente el 97 %, la más alta desde 1962, pero hay países con *ratios* mucho más elevadas, mientras que la de Alemania ronda el 67 %. Un gobierno con una *ratio* elevada puede tener que aumentar los impuestos y/o reducir el gasto público.

Hay varios tipos de déficit, y aquí solo mencionaremos dos: **cíclico** y **estructural**. El primero, **cíclico**, es un **déficit temporal relacionado** con el ciclo económico, con fluctuaciones en los ingresos fiscales y el gasto. La magnitud del déficit fiscal dependerá del estado de la economía. En una economía próspera, con elevados ingresos fiscales y menores prestaciones por desempleo pagadas, el déficit debería ser menor. En una recesión, los niveles de impuestos percibidos serán menores, mientras que el gasto en prestaciones por desempleo será mayor.

El segundo tipo de déficit es **estructural** y se refiere a una economía que funciona a un nivel normal y sostenible de actividad económica y con un nivel de empleo elevado o pleno. Tiene en cuenta las fluctuaciones cíclicas del ciclo económico, pero implica un problema persistente: el endeudamiento se encarece y se hace insostenible, mientras que la tasa de crecimiento de la producción estará por debajo de las tendencias a largo plazo.

INFLACIÓN

Todos sabemos lo que es la inflación, ¿verdad? Sí, significa un aumento de los precios, ya sea para comprar la última entrega de *Grand Theft Auto,* alimentos o unos zapatos Louboutin. Pero ¿qué índice se utiliza, cómo se calcula, qué es el poder adquisitivo y qué son la deflación, la desinflación y la estanflación?

Así pues, **la inflación es un aumento general de los precios a lo largo del tiempo**, pero ¿en comparación con qué periodo? ¿Ayer, el mes anterior, el año pasado? Antes de responder, explicaré qué es un índice.

El **IPC**, Índice de Precios de Consumo, es el principal índice de inflación utilizado en todo el mundo. Calcula los precios a partir de una cesta teórica de bienes y servicios, entre 650 y 700 en total. Como era de esperar, existen variaciones entre países: en EE. UU. se toman muestras de unos 94.000 precios al mes. La cesta de bienes y servicios también cambia de vez en cuando para reflejar los cambios en la sociedad. Por ejemplo, el **IPC británico** ha añadido sujetadores deportivos y collares para mascotas, mientras que ha eliminado los dónuts y los trajes de hombre. Además, algunos artículos tienen mayor peso para reflejar un efecto más significativo en la renta real. Un aumento del precio de la electricidad tendrá mayor importancia en el gasto de los consumidores que una subida del precio de una taza de café.

La **inflación** compara los precios actuales con los de hace un año. Por ejemplo, Australia puede tener una tasa de inflación del 6,1 %, lo que significa que los precios han subido esa cantidad desde el mismo momento del año pasado.

La **deflación** es lo contrario de la inflación, es decir, **una disminución general de los precios a lo largo del tiempo**. Entonces, ¿que los precios bajen tiene que ser bueno? A corto plazo la respuesta es sí, pero sobre todo a largo plazo es no. Cuando los precios bajan, los **consumidores** gastamos más porque obtenemos más valor por nuestro dinero; nuestro **poder adquisitivo** ha aumentado. Pero si la deflación continúa a la baja, los consumidores esperan a que los precios bajen más. Esto crea una **espiral de deflación**, con una **demanda agregada** a la baja. Las empresas no venden tanto, por lo que deben reducir costes con medidas como el despido de personal. Esto puede desencadenar una caída de la confianza en la economía, con menos gasto de los consumidores e inversión empresarial. Potencialmente, puede producirse una **recesión**.

La **desinflación** es simplemente que la inflación sube a un ritmo más lento. Un año, la inflación puede ser del 3 %, pero al año siguiente es del 1 %.

La inflación sigue produciéndose, los precios siguen subiendo, pero no tan rápido.

La **estanflación** rara vez ocurre, pero a veces se menciona en los medios de comunicación. Suele ser un periodo de aumento de la inflación y caída de la producción empresarial, con un incremento del desempleo. A menudo se asocia a una caída de los ingresos.

Por último, muchos países de todo el mundo tienen un **objetivo de inflación**, que suele rondar entre el 2 % y el 3 %. Un país fija este objetivo porque espera que sea alcanzable y sostenible, y pueda crear **estabilidad de precios**. Esto, a su vez, da confianza a las empresas para invertir, ya que pueden evaluar con mayor precisión los costes a largo plazo y el nivel de riesgo en el entorno empresarial general. Con un poco de suerte, esa inversión aumentará la demanda agregada y contribuirá a la prosperidad general del país.

FISCALIDAD GENERAL

¿**R**ecuerdas que en la introducción se mencionaba a Doctor Who y el asunto de los *wibbly-wobbly, timey-wimey* (véase la nota de la pág. 9)? Pues bien, este es un caso en el que lo micro y lo macro se vuelven *wibbly-wobbly*.

Hay tres grandes categorías de impuestos: los **progresivos** y los **proporcionales** son aspectos de la macroeconomía, mientras que los **regresivos** se sitúan en el rincón de la microeconomía. En general, los impuestos directos son más progresivos, mientras que los indirectos son regresivos.

Los **impuestos progresivos** se basan en la capacidad de pago del perceptor de ingresos, así como en la reducción de la desigualdad en la sociedad. Básicamente, cuanto mayores son los ingresos, más se paga. El **impuesto sobre la renta** es un ejemplo clásico, y en el Reino Unido existen actualmente tres tramos impositivos: el tipo básico del 20 %, el tipo del 40 %

para quienes perciben un salario más elevado y el tipo adicional del 45 % para quienes ganan 150.000 libras o más (que se ha reducido a 125.000 libras a partir de abril de 2023). Entonces, ¿alguien que gane 155.000 libras al año paga todo al 45 %? La respuesta es no. Alguien que gane 155.000 libras solo tiene que pagar 5.000 libras al tipo máximo. También pagará los tipos inferiores según las cantidades aplicables a los diferentes tramos impositivos en ese momento.

Los tramos impositivos pueden cambiar cada año. Algunos países, como Australia y el Reino Unido, ofrecen una **desgravación** inicial **libre de impuestos** para todos hasta una determinada cantidad, pero en países como Canadá o EE. UU. se pagan impuestos desde el principio.

El **impuesto proporcional** es un tipo básico fijo para todos los contribuyentes, independientemente de sus ingresos. Estados Unidos tiene siete tramos impositivos federales, con un tipo básico del 10 %, mientras que en Canadá es del 15 % y en Australia del 19 %.

El **impuesto regresivo** no está relacionado con la renta y es mucho menos justo para la sociedad y la igualdad. Se añade un **porcentaje** a la **compra de un bien o servicio** y, en la práctica, grava más a las personas con rentas bajas, ya que una mayor proporción de su renta disponible se destina a estos bienes y servicios. El impuesto sobre bienes y servicios (GST) australiano es el equivalente al IVA británico y al impuesto sobre las ventas estadounidense.

GLOBALIZACIÓN

El humilde contenedor, ese trozo de metal que se ve en camiones, trenes y barcos de todo el mundo, es una de las principales razones por las que **la globalización** creció tanto en la segunda mitad del siglo xx. Pero ¿es buena o mala la globalización?

He aquí una de las muchas definiciones. La **globalización** se refiere al proceso por el cual las economías y las culturas se han acercado a través de la creciente **integración** e **interdependencia** de las economías nacionales en términos de comercio, flujos financieros, ideas, información y tecnología.

Una característica es el **aumento del comercio transfronterizo**. A medida que las cadenas de suministro se han ido globalizando, la externalización de la producción y de los servicios de apoyo ha dado lugar a una **división del trabajo** cada vez mayor. Por ejemplo, la fabricación de un iPhone de Apple depende de más de 1.180 proveedores de piezas, repartidos en 31 países, que además de América incluyen China, Japón, Corea, Hungría, Malta, Alemania, Italia y México. Otra característica es la **inversión extranjera directa (IED)**, cuando una empresa extranjera crea, compra o aumenta su participación en un negocio en otro país. Como tal, es un elemento importante de la integración económica internacional, ya que crea vínculos estables y duraderos entre distintas economías. Por ejemplo, Rolls-Royce y Unilever son ejemplos de empresas europeas con instalaciones de producción en Estados Unidos, mientras que lo mismo ocurre con Nissan en el Reino Unido y la surcoreana LG en Canadá. La mayor parte de la IED la realizarán **empresas transnacionales o multinacionales (ETN o EMN)**, grandes marcas mundiales como BMW, Coca-Cola y Virgin.

Si analizamos las formas en que se ha expandido el proceso de globalización, encontramos seis áreas principales: la reducción de las **barreras al comercio**; el libre mercado y la **liberalización del comercio**; la mejora de las tecnologías de la información y la comunicación; el crecimiento de los mercados financieros internacionales y la libre circulación de capitales; el crecimiento de las empresas mundiales; y, por último, el humilde contenedor y la reducción de los costes de transporte.

Volviendo a mi pregunta original: ¿la globalización es buena o mala? Para empezar con los beneficios, están: el aumento de la producción mundial, con países especializados en lo que son buenos produciendo, un fenómeno conocido como **ventaja comparativa**; el aumento del **bienestar de los consumidores** con precios más bajos y mayor capacidad de elección; la reducción de la pobreza, especialmente en las economías emergentes; una mayor interdependencia económica a través del comercio, lo que lleva a unas relaciones internacionales más pacíficas.

Luego están las desventajas: la explotación de los pobres —como los trabajadores mal pagados en talleres clandestinos— en los **países menos desarrollados (PMA)** del mundo; y el aumento de externalidades negativas como una mayor contaminación. Ambos hechos ocurren más en las **economías emergentes**, ya que esos países suelen tener menos leyes y estas son más laxas para proteger al trabajador o el medio ambiente. También está la pérdida de identidad nacional/cultural con la «**Coca-Colonización**» o la «**McDonaldización**» **mundiales**. La creciente integración del mercado financiero mundial conlleva un mayor riesgo de que las perturbaciones económicas se propaguen por todo el sistema, como ocurrió con la crisis financiera de 2007-2008. Los países también pueden especializarse en exceso, es decir, depender en exceso de la misma área de actividad económica a través de la cual han obtenido una ventaja comparativa, lo que los hace más vulnerables a los choques internos y externos. Al tener los trabajadores mayor libertad para desplazarse a lugares donde hay más oportunidades, un país menos desarrollado puede sufrir una «**fuga de cerebros**» de sus personas más brillantes a otro más próspero. La otra cara de este fenómeno es la cuestión del **desempleo estructural** en los países industrializados, en los que los puestos de trabajo en el sector manufacturero e industrial se trasladan a economías con salarios más bajos en las que se pueden producir los mismos bienes a un coste mucho menor.

COMERCIO TRANSFRONTERIZO

En el siglo XVIII, muchos países aplicaban políticas **proteccionistas** para proteger sus industrias nacionales de la competencia extranjera. Pero este pensamiento se puso en tela de juicio en el siglo XIX, cuando el **libre comercio** se convirtió en la consigna. Esto permite el flujo natural de bienes y servicios de un país a otro sin restricciones, como **aranceles** o **cuotas**.

Una forma de lograr un comercio más libre es mediante la formación de **bloques comerciales**. Estos están formados por países, normalmente de regiones específicas, que colaboran para promover las actividades comerciales entre sus miembros. Esto conduce a la **liberalización del comercio** —lo contrario del proteccionismo— promoviendo el aumento del comercio entre los miembros, que reciben un trato más favorable que los que no son miembros. También hay muchos **acuerdos de libre comercio (ALC)** en todo el mundo.

Son menos formales que los bloques comerciales, con tratados entre dos o más economías que reducen o eliminan ciertas barreras para bienes y servicios. Los ALC se utilizan a veces como trampolín para la creación de bloques comerciales, como la **Unión Europea (UE)**.

Este tipo de organizaciones (y sus siglas) se extienden por todo el planeta: **Mercosur** es una unión aduanera entre Brasil, Argentina, Uruguay, Paraguay y Venezuela, mientras que el **Acuerdo de Libre Comercio de Asia Meridional (SAFTA)** incluye a países como India y Pakistán junto con muchos otros de la zona. EE. UU. tiene un acuerdo comercial con México y Canadá, denominado **USMCA**. Al igual que Estados Unidos, Australia no pertenece a ningún bloque comercial, pero tiene acuerdos de libre comercio con varios países de todo el mundo. Los bloques comerciales, aunque beneficiosos para sus miembros, también pueden considerarse una barrera al libre comercio. Pueden permitir que otros países comercien con ellos, pero con restricciones sobre la naturaleza o la cantidad de ese comercio. La primera restricción o barrera son los **aranceles**. Se trata de una medida proteccionista por la que los importadores pagan un impuesto o derecho sobre el bien o servicio que desean vender al bloque comercial. Esto aumenta los costes del importador, con el objetivo de proteger la industria nacional, pero puede significar que el consumidor pague un precio más alto por los bienes. Otra barrera al comercio son las **cuotas**. Estas limitan el número o el valor monetario de las mercancías que pueden importarse a un país del bloque. En el caso de las mercancías, por ejemplo el aluminio, la cuota puede restringir el peso o el volumen total que puede importarse. Por ejemplo, China produce una enorme cantidad de acero, más del 50 % de la producción mundial, pero Estados Unidos impone aranceles a la importación de acero, alegando que la protección de la industria siderúrgica nacional es una cuestión de seguridad nacional.

China ha sido acusada en más de una ocasión de *dumping* de acero en el mercado mundial. A menudo produce mucho más de lo que necesita a nivel nacional y vende el excedente en el extranjero a un coste mucho menor, lo que afecta al precio mundial del acero y socava la viabilidad de las industrias siderúrgicas del mundo desarrollado. La **Organización Mundial del Comercio (OMC)** define el *dumping* como una injerencia del Estado en el mercado: una protección que conduce a exportaciones subvencionadas a precios inferiores a los costes reales del mercado.

¿QUÉ ES LA ORGANIZACIÓN MUNDIAL DEL COMERCIO?

Pues bien, está formada por 164 países miembros y arbitra las normas comerciales que existen entre las naciones con el objetivo de garantizar que el comercio mundial discurra de la forma más fluida, libre y previsible posible.

DEBEMOS AFRONTAR EL HECHO DE QUE LA PRESERVACIÓN DE LA LIBERTAD INDIVIDUAL ES INCOMPATIBLE CON LA PLENA SATISFACCIÓN DE NUESTROS PUNTOS DE VISTA SOBRE LA JUSTICIA DISTRIBUTIVA.

Friedrich Hayek

EL TIPO DE INTERÉS BANCARIO

El **tipo de interés bancario** suena un poco aburrido, ¿verdad? Pero ese **tipo de interés** probablemente dominará tu vida, desde la compra de tu primer coche hasta el dinero que gastes en tu primera cita, pasando por el pago de tu boda o la obtención de tu primera hipoteca, y mucho más. Así que presta atención.

Un **tipo de interés** te permite conocer el coste de un préstamo para un coche o el beneficio que recibes por ahorrar.

Los prestatarios quieren que el tipo sea lo más bajo posible para que sus reembolsos sean menos costosos, mientras que los ahorradores desean que el tipo sea lo más alto posible para obtener mayores intereses por el dinero que tienen en su cuenta.

¿Quién decide cuál debe ser el tipo de interés bancario? En Estados Unidos es el **Comité Federal de Mercado Abierto (FOMC)**, en el Reino Unido, el **Comité de Política Monetaria**, y en

Australia, el **Consejo del Banco de la Reserva**. Estos distintos comités de los bancos centrales se reúnen en distintos momentos del año para decidir el funcionamiento de la **política monetaria**. Su tarea principal es mantener la inflación baja y, lo que es más importante, estable, al tiempo que influyen en la cantidad de dinero que hay en la economía.

El tipo bancario también se conoce como **tipo básico**, ya que los bancos comerciales lo utilizan para fijar el tipo de interés del dinero que prestan al público o el importe de los intereses que reciben los ahorradores por sus depósitos en el banco. Si a los bancos comerciales les resulta más caro pedir prestado al Banco de Inglaterra, aumentan los costes de los préstamos a los clientes. Si el Banco de Inglaterra baja el tipo de interés bancario, abaratando así los préstamos a los bancos, estos, a su vez, pueden reducir los tipos hipotecarios y los préstamos generales al público.

Es lo que suele ocurrir, pero hay excepciones. En 2009, tras la crisis financiera de 2007/08, el tipo de interés bancario en el Reino Unido estaba en el 0,5 %, pero los bancos comerciales mantuvieron sus tipos a los clientes mucho más altos. Esto hizo que los préstamos fueran más caros, ya que los bancos no estaban dispuestos a prestar en ese momento, mientras que los préstamos y las hipotecas se mantuvieron a esos tipos más altos, lo que proporcionó a los bancos mayores beneficios.

LA GRAN RECESIÓN

Muchos economistas y medios de comunicación afirman que la **Gran Recesión** comenzó en 2008. Se equivocan. Se inició a finales de 2007, antes de que se hiciera «popular» al año siguiente, y podría decirse que la actuación de los mercados financieros internacionales, especialmente en Estados Unidos, ya mostraba signos de tensión en 2004. La crisis subsiguiente se considera la recesión general más importante de las economías mundiales desde la **Gran Depresión de 1929 a 1939.**

Una recesión se produce cuando hay dos trimestres consecutivos de crecimiento económico negativo (6 meses). Esto no significa necesariamente un desastre económico, ya que a veces una recesión puede ser superficial o técnica, con un par de trimestres negativos relativamente pequeños pero sin que la mayoría de la gente se vea afectada y la economía goce por lo demás de buena salud. Otra cosa es una **depresión**, con **ocho trimestres consecutivos de crecimiento económico negativo (2 años)**. Pero este shock **económico** de 2007/08 fue tan profundo que algunos países tardaron años en recuperarse, e incluso se podría argumentar que algunos otros nunca se han recuperado del todo.

¿Cómo empezó? La **desregulación** fue una palabra de moda en el sector bancario, sobre todo en las décadas de 1980 y 1990. Wall Street, en Estados Unidos, abrió el camino con leyes creadas para reducir el control regulador, mientras que en el Reino Unido, en 1986, la City también se desreguló, con menos control o supervisión gubernamental. Esta libertad bancaria contribuyó a la Gran Recesión.

El mercado de la vivienda de alto riesgo en Estados Unidos había crecido considerablemente antes de 2007,

dando grandes beneficios a los bancos. Las políticas del Gobierno estadounidense animaron a las instituciones financieras a conceder préstamos a los prestatarios de alto riesgo, ya que deseaba un mayor número de viviendas en propiedad. Los prestatarios *subprime* eran personas con una calificación crediticia baja o nula, personas a las que los prestamistas habían considerado tradicionalmente de alto riesgo. Mucha más gente pudo ahora obtener una hipoteca y, aunque los tipos de interés eran bajos, la mayoría pudo hacer frente a las cuotas de sus préstamos. Pero otro factor que contribuyó a la inminente crisis fue la subida de los tipos de interés en Estados Unidos del 1 % al 5,35 % entre 2004 y 2006, con lo que muchos deudores hipotecarios empezaron a dejar de pagar. Esto afectó al sistema financiero, ya que muchas de las hipotecas se habían agrupado mediante ingeniosos instrumentos financieros que casi nadie entendía. A continuación, se vendieron a otros bancos e inversores crédulos, y el colapso de estas inversiones «tóxicas», en realidad préstamos fallidos, creó una crisis de confianza en el sistema bancario mundial.

Esta falta de confianza llegó al Reino Unido a finales de 2007, cuando Northern Rock sufrió lo que se conoce como **pánico bancario**, con gente haciendo cola en las sucursales para exigir la devolución de su dinero. Para evitar que cundiera el pánico, el Gobierno garantizó la cobertura de todos los fondos. Pero el mundo entero estaba sumido en la confusión financiera, con varios bancos abocados a la ruina financiera que fueron nacionalizados por el gobierno o vendidos a otros bancos por mucho menos de lo que habían valido unos meses antes. Además, el endeudamiento personal y empresarial era elevado. Esto, unido a la caída de los precios de la vivienda, persuadió a los consumidores a recortar sus gastos, con lo que las economías de todo el mundo sufrieron una caída masiva del PIB. Este golpe a la economía duró varios años, y el Reino Unido, Estados Unidos y otros países no recuperaron los niveles de actividad económica anteriores a 2007 hasta marzo de 2013.

PRODUCTIVIDAD

Siempre que hay un conflicto comercial, algo que suele salir a relucir en algún momento es la **productividad**. Las empresas quieren una mayor productividad de su mano de obra, mientras que los sindicatos pueden no quererla necesariamente, dado que puede significar obtener más trabajo de menos trabajadores.

La productividad se define como «producción por insumo en un periodo de tiempo determinado». En otras palabras, cuánto produce una persona con un equipo en una hora, aunque otro periodo de tiempo que a veces se utiliza es un año.

La productividad puede subir y bajar, ya sea la de una persona, una industria o una nación. Esto puede deberse al nivel de educación, formación o experiencia del trabajador o de la mano de obra; al nivel de inversión en bienes de capital y nuevas tecnologías; al nivel de motivación de la mano de obra, que se ve afectado por cuánto se le paga.

Muchas empresas desean una mayor productividad de sus trabajadores, a ser posible sin aumentar sus salarios. Pero hay muchas pruebas que sugieren que aumentar los salarios por encima de la tasa de mercado se ve recompensado por una productividad y unos beneficios mucho mayores. El industrial estadounidense **Henry Ford**, principal creador de la técnica de la cadena de montaje para la producción en masa, casi duplicó el salario medio de los trabajadores, y lo calificó de su «**mejor medida de reducción de costes**» porque la mayor recompensa aumentaba sustancialmente la productividad. Para él, eso significaba que sus trabajadores estaban más motivados y tenían más que perder si no seguían en su puesto.

Cuanto mejor educado o formado está un trabajador, más productivo tiende a ser. Esto se debe a que sienten que poseen una trayectoria profesional con posibles mayores beneficios. Esto aumenta la lealtad a la empresa y conduce a una mano de obra experimentada, con menos rotación de personal y, por tanto, menores costes.

Uno de los mayores defectos de la gestión, especialmente en el Reino Unido, es la falta generalizada de gasto en inversión en bienes de equipo, como maquinaria y nuevas tecnologías. Mantenerse por delante de la competencia significa reducir costes y aumentar la capacidad de producción. Podría decirse que la falta de inversión en los años setenta destruyó la industria automovilística británica, mientras que la inversión en la misma industria en Alemania la convirtió en el gran éxito que es hoy. Pero no fue el único problema de esta industria; otro fueron los **sindicatos**. En las décadas de 1960 y

1970, muchos consideraban que tenían motivaciones políticas, y las huelgas se sucedían con regularidad en todas las industrias, mientras la economía sufría en consecuencia (véase el apartado *Sindicatos*).

Normalmente, se piensa que la productividad en el Reino Unido es relativamente baja, pero no es tan mala como a veces se pinta. En 2020, el Reino Unido ocupaba el decimotercer puesto entre los países más productivos del mundo, por detrás del líder, Luxemburgo, así como de Irlanda, Alemania y Estados Unidos, pero por delante de países como Francia y Japón, y con Australia en decimosexto lugar.

La productividad del Reino Unido también es bastante difícil de evaluar, dado su amplio sector de servicios. Mientras que es fácil medir la productividad de un operario por el número de aparatos que produce en una hora o en un año, ¿cómo evaluar la productividad de un abogado que trabaja en un acuerdo de fusión y adquisición, valorado en millones, e incluso en miles de millones de libras, y que tarda semanas en completarse? Esto no encaja en ningún estudio de tiempo y movimiento.

SINDICATOS

Los **sindicatos**, como los gobiernos, suscitan un amplio espectro de opiniones. Algunos piensan que son vitales para impedir que la patronal y la élite mantengan a raya al trabajador de a pie y no le paguen un salario justo; otros consideran que quieren destruir la economía y el país.

Los sindicatos reúnen a los trabajadores de un determinado oficio, industria o empresa con el fin de conseguir mejoras salariales, prestaciones y condiciones de trabajo a través de la **negociación colectiva**. La participación de los sindicatos en las negociaciones con los empresarios significa que los trabajadores tienen un mayor poder de negociación y, en la mayoría de los casos, los trabajadores sindicados estarán mejor pagados y tendrán mejores condiciones laborales que sus compañeros no sindicados, además de otros beneficios. En el mejor de los casos, los sindicatos contribuyen a reducir la desigualdad, promover reformas sociales y ayudar a la sociedad.

Desde la década de 1980, el movimiento sindical británico está de capa caída, con una afiliación en 2021 de 6,4 millones de personas, alrededor del 23 % de la población activa. Aunque el número de afiliados está en su nivel más bajo desde hace muchos años, los sindicatos siguen estando presentes, con una fuerte afiliación en el transporte público y en otras industrias vitales, aunque con una presencia mucho más difuminada en el sector privado.

¿Cómo surgieron los sindicatos? Lo hicieron a raíz del **movimiento ludita,** que cobró protagonismo a principios del siglo XIX, destrozando maquinaria que consideraban que les quitaba el trabajo. Entre sus reivindicaciones estaba la introducción de un salario mínimo y normas laborales, así como pensiones para los trabajadores. Los sindicatos obtuvieron personalidad jurídica en 1824, pero no fue hasta el siglo XX y su afiliación al recién creado Partido Laborista cuando el movimiento se hizo oír con más fuerza en los asuntos nacionales.

La función de los sindicatos es proteger los intereses de los trabajadores frente a la explotación, pero en las décadas de 1960 y 1970 los sindicatos británicos se hicieron tan poderosos que, de hecho, exigieron un rescate al gobierno. El Reino Unido era conocido como el **«enfermo de Europa»** debido a las huelgas industriales y los malos resultados económicos en comparación con otros países europeos.

A mediados de la década de 1980, el gobierno conservador de Margaret Thatcher, que llevaba tres mandatos, se enfrentó al poder sindical introduciendo leyes que dificultaban la huelga. Tras 18 años de poder conservador, en 1997 el Partido Laborista se hizo con el poder bajo el liderazgo de Tony Blair. Los «barones» sindicales se mostraron optimistas ante la posibilidad de volver a tener una mayor influencia política y compartir «cerveza y bocadillos» en Downing Street con regularidad. Ese optimismo duró poco, ya que el «Nuevo Laborismo» se distanció de las políticas de izquierdas en un intento de seguir siendo elegible, lo que consiguió a lo largo de 13 años.

POLÍTICA MONETARIA Y FISCAL

La **política macroeconómica** se ocupa del funcionamiento del conjunto de la economía de un país. Su objetivo es proporcionar un entorno estable para un crecimiento económico fuerte y sostenible, creando empleo y mayor riqueza y elevando el nivel de vida. Los dos pilares de la política macroeconómica son la **política monetaria** y la **política fiscal**. En muchos sentidos, los países solían inclinarse por una o por otra, pero desde la Gran Recesión los gobiernos tienden a utilizar mucho más estos dos enfoques.

La **política monetaria** consiste en la actuación del banco central o del gobierno de un país para influir en la cantidad de dinero que hay en la economía y en el coste de los préstamos. Trata de controlar el gasto de los consumidores y la demanda agregada (DA) de dos maneras: mediante **los tipos de interés (el tipo bancario)** y a través de la **relajación cuantitativa (QE)**. El objetivo es evitar lo peor de los altibajos del ciclo económico, manteniendo la inflación baja y estable.

La **política fiscal** también tiene dos objetivos principales: modificar el nivel de gasto público y modificar el nivel impositivo. La finalidad de estos objetivos es influir en el crecimiento de la demanda agregada de la economía aumentando la producción y el empleo.

La política fiscal se convirtió en una herramienta importante para gestionar la economía después de que **John Maynard Keynes** defendiera su uso en respuesta a la Gran Depresión de los años treinta. La economía keynesiana se basa en la creencia de que la **intervención gubernamental** puede estabilizar una economía aumentando el gasto en áreas como las infraestructuras, por ejemplo, la construcción de escuelas y hospitales. Esto crea puestos de trabajo y estimula la demanda de los consumidores, ayudando a la recuperación económica o reduciendo el nivel de contracción económica. Keynes también abogaba por bajar los impuestos para fomentar el gasto, aumentando así la demanda y creando una mayor confianza en la economía. Muchos economistas keynesianos piensan que este tipo de intervención puede lograr el pleno empleo y la estabilidad de precios. La economía keynesiana dominó el pensamiento hasta mediados de la década de 1970, cuando muchas economías sufrieron a la vez inflación y crecimiento lento, lo que se denominó «estanflación». Las teorías de Keynes perdieron popularidad, ya que no tenían una respuesta adecuada al problema de la estanflación. Pero tras la crisis **crediticia** (también conocida como **crisis financiera**) de 2007/08, el pensamiento económico keynesiano volvió a ganar adeptos.

La **política monetaria** pretende influir en la subida de los precios, es decir, en la **inflación**. Muchos gobiernos fijan objetivos de inflación en torno al 2 o 3 %. Una forma en que la política monetaria controla la inflación es a través de los **tipos de interés**. Cuando sube la inflación, suben los tipos de interés. Esto hace más atractivo ahorrar y reduce la presión inflacionista al disminuir la demanda. En la actualidad, los tipos de interés tienden a ser decididos, independientemente del gobierno, por los bancos centrales que continuarán subiendo los tipos hasta que dicha acción tenga el efecto económico deseado.

El segundo elemento de la **política monetaria** es la **relajación cuantitativa (QE)**. Todavía está muy abierto a debate si tiene éxito o no, pero es algo que muchos gobiernos han hecho continuamente desde la crisis de 2007/08, especialmente los de EE. UU., la UE y el Reino Unido. La QE es especialmente útil cuando los tipos de interés están cerca de cero y la inflación por debajo de la tasa objetivo. Pero ¿cómo funciona? Para aumentar la oferta de dinero disponible en una economía, el banco central compra bonos del Estado o de empresas. Esto reduce el tipo de interés de esos bonos y, con la mayor oferta de dinero en la economía, reduce los tipos de interés de los préstamos a hogares y empresas. De este modo, impulsa el gasto y mantiene la inflación en el objetivo.

TIPOS DE CAMBIO 1

¿Sería mejor tener una moneda mundial? ¿Quizá el euro, el dólar estadounidense o el yuan chino? Sin duda facilitaría la vida a las empresas y a quienes se van de vacaciones a destinos exóticos. Se acabó calcular los tipos de cambio o intentar averiguar si algo es más barato que en casa. Los países en desarrollo se beneficiarían de una mayor estabilidad monetaria, lo que a su vez favorecería el comercio internacional.

Por desgracia, esa perspectiva está a años luz. Mientras tanto, tenemos los **tipos de cambio**, que es el precio de una moneda en relación con otra.

Existen varios tipos de sistemas de tipos de cambio. El más conocido es el **sistema de cambio flotante**, en el que el valor de una moneda depende completamente de las fuerzas del mercado de la oferta y la demanda, sin que el gobierno o el banco central intenten influir en el valor externo de la moneda en los mercados de cambio (véase el siguiente apartado *Tipos de cambio 2*). Este sistema lo aplican EE. UU., el Reino Unido, la UE y muchos otros países plenamente industrializados de todo el mundo.

El segundo es una **moneda de flotación dirigida**, en la que el banco central puede intervenir en el mercado para afectar al valor de su moneda con el fin de cumplir objetivos macroeconómicos específicos. India es un ejemplo de país que utiliza este sistema.

Un **sistema de tipo de cambio fijo** es aquel en el que una moneda se fija al valor de otra moneda. Por ejemplo, Arabia Saudí, los EAU (Emiratos Árabes Unidos), Barbados y Eritrea están vinculados al dólar estadounidense, lo que les proporciona una mayor estabilidad económica.

El último es el tipo de **cambio semifijo**. Se produce cuando el gobierno intenta mantener el valor de una moneda entre una banda de tipos de cambio. China utiliza este sistema para «gestionar» el yuan frente al dólar y mantener así la competitividad de sus exportaciones. Estados Unidos insiste en que se trata de un comercio desleal y, en ocasiones, ha desembocado en guerras comerciales de ojo por ojo, diente por diente. Si China permitiera la flotación del yuan, se apreciaría rápidamente, algo que su gobierno no permite en la actualidad.

El uso de la palabra «apreciación» requiere algunas explicaciones, por lo que, a continuación, te ofrecemos algunos términos útiles. La **apreciación** se produce en el sistema de tipo de cambio flotante cuando el valor de una moneda aumenta frente a otra debido a las fuerzas del mercado. Esto significa que la moneda se ha «fortalecido», y un importador en esa moneda puede comprar más bienes en el extranjero por menos dinero.

La **depreciación** es lo contrario de la apreciación y también se produce en el sistema de tipo de cambio flotante. La moneda se vuelve «más débil», pero esto ayuda a los exportadores, ya que sus bienes y servicios son más competitivos para vender en el extranjero. El aumento del comercio también puede incrementar la riqueza de un país.

Revaluación es el término utilizado en relación con un sistema de tipo de cambio fijo, cuando el gobierno, a través del banco central, decide aumentar el valor de su moneda frente a otras.

La **devaluación** es lo contrario de la revaluación en el sistema de tipo fijo. El gobierno disminuye el valor de su moneda frente a otras monedas y, como en la depreciación, hace que la moneda sea más débil y que los bienes y servicios vendidos en esa moneda sean más competitivos internacionalmente.

TIPOS DE CAMBIO 2

El **sistema de tipo de cambio flotante** que utilizan muchos países industrializados, como EE. UU., el Reino Unido, la UE y Japón, depende de las fuerzas del mercado y de la interacción de la oferta y la demanda. Además, carece de interferencias gubernamentales o de los bancos centrales. Pero ¿cuáles son esas fuerzas del mercado?

La **demanda agregada (DA)** tiene una fórmula de: Consumo + Inversión + Gasto público + (Exportaciones - Importaciones). Un país se hace más rico si exporta más de lo que importa. Por ejemplo, el Reino Unido exporta conductores eléctricos aislados a Italia, y esas empresas tienen que comprar libras esterlinas para pagar esos conductores. Así, la demanda de libras esterlinas aumenta, lo que se refleja en el tipo de cambio, ya que la libra se aprecia, o sube, frente a otras divisas. Esas empresas británicas tienen mayores ingresos y beneficios, y GB Ltd se hace más rica. Si las empresas británicas quieren comprar zapatos Louboutin en su fábrica de Milán, las empresas británicas tienen que comprar euros y vender libras esterlinas para pagarlos. El dinero sale del Reino Unido y hace a Italia más rica, mientras que el tipo de cambio de la libra esterlina disminuye.

El valor de una moneda también viene determinado por la oferta de dinero necesaria. La balanza por cuenta corriente de un país refleja la balanza comercial entre este país y sus socios comerciales. Son todos los pagos entre países por bienes, servicios, intereses y dividendos. Si un país tiene **déficit por cuenta corriente**, está gastando más en comercio exterior de lo que ingresa, ya que se importa más de lo que se exporta. Esto se traduce en que el país necesita más divisas para comprar esos bienes y servicios, lo que debilita el tipo de cambio del país.

Los **tipos de interés** son otro factor que afecta al tipo de cambio. Si los tipos suben, es más atractivo para los inversores ahorrar en ese país, ya que ganarán más. Por ejemplo, si EE. UU. aumenta sus tipos de interés, más gente compra dólares, ya que se cambian a bancos estadounidenses y el dólar se aprecia. Esto se conoce como **dinero caliente**, ya que los inversores de todo el mundo se decantan por los tipos de interés a corto plazo más altos disponibles. En ocasiones, esto puede dar lugar a un mercado de divisas volátil.

Los **especuladores** asumen riesgos al intentar anticiparse a los futuros movimientos de los precios de los tipos de cambio con la esperanza de obtener ganancias lo suficientemente grandes como para compensar el riesgo. Esto puede afectar a una divisa, ya que una vez que un especulador hace un movimiento significativo en el mercado, otros en todo el mundo pueden seguirlo. Los **operadores de divisas** a veces compran o venden una divisa basándose en su confianza en ella, pero también en los resultados de las elecciones, las noticias económicas o incluso un simple rumor. Como ya se ha dicho, cuanto más débil sea una moneda, mejor para los exportadores, porque los productos resultan más atractivos económicamente para los compradores extranjeros. Pero una moneda débil puede ser un hecho indicativo de una economía mal gestionada, mientras que una economía bien gestionada es capaz de sostener una moneda más fuerte.

Por último, como ayuda para comprender lo que ocurre con una moneda débil o fuerte, utiliza el acrónimo (en inglés) **SPICED:** libra fuerte (*Strong Pound*), importaciones baratas (*Imports Cheap*), exportaciones caras (*Exports Dear*). No hay una alternativa clara para una libra débil, ¡así que basta con invertir SPICED!

EL FLUJO CIRCULAR DE LA RENTA

En muchos lugares del mundo, incluso los consumidores más jóvenes parece que tienen dinero para gastar, pero ¿adónde va el dinero? ¿Se queda en ese país o se va a otra parte? ¿Ayuda a la sociedad o solo enriquece a los «peces gordos»?

El **flujo circular de la renta** muestra cómo el dinero –la renta y el gasto que conectan los distintos sectores de la economía– se mueve por la sociedad. Muestra el flujo de bienes y servicios, el factor de producción y los pagos realizados por los hogares a las empresas dentro de una economía.

Una forma básica de este modelo muestra el flujo de dinero de las empresas que producen bienes y servicios y pagan un salario a los trabajadores. Ese dinero vuelve a los productores cuando los trabajadores, como consumidores, compran bienes y servicios. Estos son los componentes del producto interior bruto (PIB) o renta nacional de un país, con una economía en la que el flujo de dinero circula sin cesar.

Ese modelo básico de transacciones entre empresas y trabajadores es sencillo, pero el mundo real es mucho más complejo. No todo el dinero que se paga a los trabajadores en concepto de salarios ni todos los ingresos que reciben las empresas se devuelven íntegramente a ese flujo circular. Hay **retiradas**, también conocidas como **fugas**, de la economía, así como **inyecciones** en ella. Una economía tiene **tres tipos principales de inyecciones**. La primera es la **inversión**, un aumento del capital social, como la maquinaria. El segundo es el **gasto público**, ya se trate de contratar más profesores y enfermeras o de construir más carreteras. La última son las **exportaciones,** con la entrada de dinero debido a la venta al extranjero de bienes producidos en el país.

También hay **tres tipos de retiradas.** Si gastas todos tus ingresos, es posible que no puedas comprarte una casa o un coche o irte de vacaciones. Por eso, la gente tiene **ahorros** colocándolos en instituciones financieras como los bancos. Aunque no queramos pagarlos, los **impuestos** también son una fuga. Van a parar al gobierno como ingresos. La última son las **importaciones**. Este dinero se envía al extranjero para comprar, sí, esos zapatos Louboutin o muchos otros bienes y servicios. Lo que significa que el dinero sale de este flujo y entra en el flujo circular de la renta de otro país.

Como se ha indicado, todo este flujo de dinero que entra y sale de la economía tiene un efecto. Si todas las inyecciones son iguales a todas las retiradas, la economía está en equilibrio: la economía no crecerá ni decrecerá. Si las inyecciones son mayores que las retiradas, la economía crecerá porque ha entrado más dinero del que ha salido. Si las retiradas son mayores que las inyecciones, la economía se contraerá porque ha salido más dinero del que ha entrado.

No todas las retiradas pueden ser permanentes. Cuando los **impuestos** se retiran del flujo circular, pueden volver a entrar como **gasto público** en carreteras, etc. Cuando los **ahorros salen del flujo** y van a parar a un banco, ese dinero puede **invertirse** en un nuevo negocio o en la compra de una nueva casa o para la expansión del negocio, por lo que también vuelve a entrar en el flujo.

EL EFECTO MULTIPLICADOR

Cuando una persona gasta dinero en un bien o servicio, eso se convierte en la renta de otra persona, y este hecho, en pocas palabras, es el **efecto multiplicador**. En efecto, mide el impacto de un cambio en la actividad económica, como una inversión, y qué efecto tendrá, proporcionalmente, en la renta nacional total. El efecto multiplicador o *ratio* es un componente de la teoría macroeconómica keynesiana y forma parte de la política fiscal.

Cuando se produce una inyección de nueva demanda en el flujo circular de la renta, es probable que se produzca un efecto multiplicador. Esta nueva inyección de dinero conduce a un mayor gasto, que a su vez genera más ingresos, luego más gasto, más ingresos y así sucesivamente. El efecto multiplicador es la cantidad de ingresos adicionales que se generan tras una inyección inicial de gasto.

Imaginemos que el gobierno inyecta 10.000 millones de euros en nuevos hospitales. Esto crea nuevos puestos de trabajo en la construcción, más empleos para los proveedores, etc. Esos nuevos empleos significan que los nuevos asalariados tienen renta disponible para gastar en alfombras o televisores o lo que sea, pero también ahorran algo de dinero. Ese nuevo gasto crea más empleos nuevos en otras industrias, donde se generan más ingresos, para gastar en vehículos nuevos o en comprar una casa, etc., pero también en bienes importados. Estas rondas de ingresos y gastos continúan hasta que no queda ningún ingreso real.

La fórmula general es:

$$\text{Multiplicador} = \frac{\text{Variación del gasto}}{\text{Variación de los ingresos}}$$

Un factor importante para determinar el tamaño del multiplicador es la magnitud de las retiradas del flujo circular. Cuanto mayores sean las fugas, menor será el multiplicador, es decir, cuánta renta familiar adicional se utiliza en bienes importados o se ahorra o se grava.

En economía existe lo que se conoce como **propensión**. Hay distintos tipos: propensión a consumir, a ahorrar, a invertir, a gastar, a importar, a exportar, a pagar impuestos, etc. La propensión es la tendencia natural a comportarse o hacer las cosas de una determinada manera: los gatos tienen tendencia a cazar pájaros, mientras que los humanos se inclinan por adquirir posesiones. La **propensión marginal a retirar (MPW)** es la proporción de una unidad de renta adicional que se filtra del flujo circular. La suma es **MPS + MPT + MPM**, es decir: propensión marginal a ahorrar (MPS), propensión marginal a gravar (MPT) y propensión marginal a importar (MPM). La mejor forma de escribir esto es **1/(1 − MPC)**. Es una forma de calcular el multiplicador. MPC **es la propensión marginal al consumo**.

MPS + MPC siempre sumarán 1 en una economía «cerrada», mientras que en una economía normal y abierta, MPW (propensión marginal a retirar) sumada a MPC también será igual a 1.

Para mostrar cómo funciona el multiplicador, utilizaré la fórmula $1/(1 - MPC)$. Si los consumidores gastan 80 céntimos de cada euro que ganan, ahorran (o retiran) 20 céntimos.

Por tanto, el multiplicador será: $1/(1 - 0,8) = 1/0,2 = 5$. El multiplicador es 5, ya que por cada euro de la inyección inicial se generan otros 5 euros de ingresos adicionales. Por tanto, si el Gobierno inyecta 10.000 millones de euros en nuevos hospitales, genera 50.000 millones de euros de ingresos adicionales para la nación.

Por último, todo lo anterior se refiere a **multiplicadores positivos**, pero también puede haber **negativos**.

POLÍTICAS DE OFERTA Y DEMANDA

Como sugiere el título, las políticas de demanda y de oferta contemplan las situaciones económicas desde ángulos ligeramente distintos. La política de demanda es la manipulación deliberada por parte del gobierno de la demanda agregada (DA) para alcanzar objetivos macroeconómicos. Esta teoría de la economía keynesiana promueve las políticas monetaria y fiscal como principales instrumentos para crear esa demanda.

Pero no es todo o nada. Los economistas keynesianos de lado de la demanda están de acuerdo en que el potencial productivo de la economía puede mejorarse con políticas del lado de la oferta, pero no en crisis económicas extremas, como una depresión o una recesión grave, en las que la falta persistente y grave de demanda es el problema clave.

La economía de la oferta sostiene que el aumento de la oferta de bienes y servicios es la base del crecimiento económico. Si hay menos barreras administrativas que superar, reduciendo así los «cuellos de botella», la línea de suministro se acelerará y será más barata en su camino hacia el consumidor. Estas políticas incluyen cualquier acción del gobierno destinada a aumentar la cantidad que las empresas están dispuestas y son capaces de suministrar a cualquier nivel de precios. Como muestra el gráfico al final de este apartado, si las políticas de oferta tienen éxito, la **oferta agregada (OA)** se desplazará hacia la derecha, permitiendo un mayor crecimiento económico, especialmente en el caso de la **oferta agregada a largo plazo (OAPL)**.

En general, los principales ámbitos en los que puede mejorarse la oferta son la **productividad,** la **disponibilidad de recursos,** los **incentivos fiscales o de prestaciones,** la **eliminación de normativas que aumentan los costes u otras reducciones de costes**.

Al igual que en las políticas del lado de la demanda, con dos enfoques diferentes, también hay dos enfoques principales para las políticas del lado de la oferta. El primero consiste en aumentar la eficacia y la eficiencia del libre mercado. Esto permite que el libre mercado elimine los desequilibrios determinados por la oferta y la demanda, a través de medidas como la desregulación, la reducción de los tipos del impuesto sobre la renta, la reducción del poder de los sindicatos y la nacionalización de determinadas industrias (privatización). El segundo es el enfoque **intervencionista**, en el que el gobierno interviene en los mercados para reducir las deficiencias, por ejemplo, mediante un mayor gasto público en transporte, educación y comunicación.

El primer enfoque de libre mercado que hay que considerar es la **desregulación,** que es otra forma de privatización. Un buen ejemplo en el Reino Unido y Estados Unidos es la desregulación de los mercados financieros en los años setenta y ochenta, que creó mucha más competencia y opciones para el cliente. El segundo es la **reducción del impuesto sobre la renta y del impuesto de sociedades.** Bajar el impuesto sobre la renta incentiva a la gente a buscar mayores recompensas. En un entorno de impuestos más bajos, podrán conservar una mayor parte de sus ingresos, lo que les proporcionará una mayor renta disponible que, al menos en teoría, gastarán en la economía. La reducción del impuesto de sociedades sobre los beneficios permite a las empresas aumentar el gasto y la inversión. El tercer enfoque consiste en **reducir el poder de los sindicatos**, lo que permite una mayor flexibilidad del mercado laboral. Esto permite a las empresas un mayor control, aunque los trabajadores acaben teniendo mucha menos influencia sobre sus salarios y sus condiciones.

El enfoque intervencionista, con un mayor gasto público en **infraestructuras,** mejora el transporte de los trabajadores y las empresas, y reduce sus costes. Un mayor gasto en **educación y formación** mejora la productividad. La creación de **sistemas de comunicación** mejores y más rápidos permitirá a las empresas responder mejor a las circunstancias cambiantes, además de reducir costes.

LA OFERTA AGREGADA A LARGO PLAZO (OALP) KEYNESIANA MUESTRA EL CRECIMIENTO ECONÓMICO

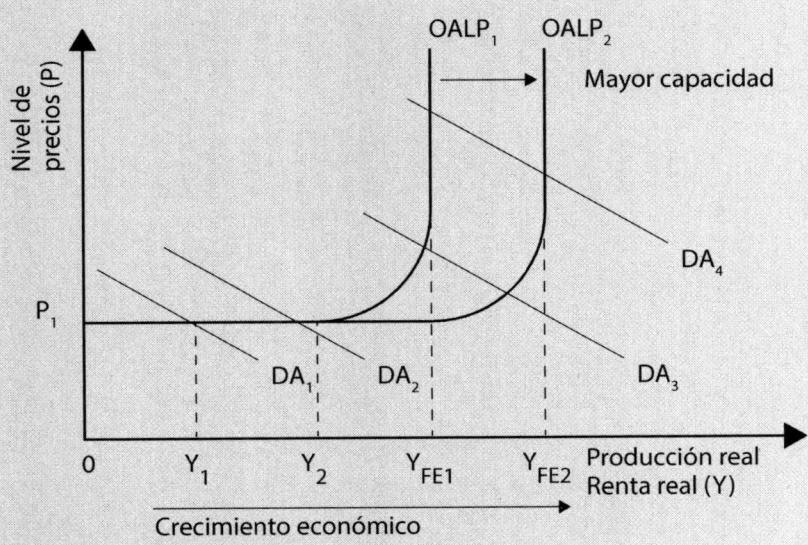

Y = Rendimiento = Producción
FE = Pleno empleo
→ = Crecimiento económico
DA = Demanda agregada

COMPETITIVIDAD INTERNACIONAL

La globalización lleva más de cincuenta años ejerciendo una influencia creciente y cada vez más significativa en las economías mundiales. Los consumidores de todo el mundo quieren los bienes y servicios presentes en el universo y no se limitan a elegir los de una sola región, país o continente.

Esto ofrece a las empresas de un país una gran oportunidad de vender al mundo, pero también permite que el mundo venda a ese país. Por lo tanto, los exportadores de un país tienen que ser competitivos internacionalmente para tener impacto en el mercado mundial. Básicamente, la **competitividad internacional mide el coste y el valor de las**

exportaciones de un país. Si los bienes y servicios de un país –ya sea EE. UU., el Reino Unido, Australia o cualquier otro– son más caros que los de sus competidores, la competitividad internacional de las exportaciones de una nación disminuirá.

Pero ¿qué hay del **valor**? Los coches alemanes no son conocidos por ser baratos, pero sin duda se venden. Esto se debe a que los consumidores creen que esos coches tienen un **valor añadido**, ya sea como símbolos de estatus o por factores como el estilo, el confort, la fiabilidad o la tecnología avanzada. Esa reputación alemana puede permitirles obtener precios de exportación más altos por sus bienes y servicios. Ese valor añadido no es fácil de ganar, pero sí de perder.

¿Cuáles son los beneficios de mejorar la competitividad internacional? Si un bien o un servicio tiene una buena relación calidad-precio, ya sea un precio más bajo o simplemente una mejor calidad, eso se traducirá en una mayor demanda de las exportaciones. Unas mayores ventas de exportación aumentan la demanda agregada (DA) y el crecimiento económico, haciendo más rica a una nación. Esa mayor competitividad mejorará la **balanza de pagos** –niveles de importaciones frente a exportaciones– reduciendo un déficit por cuenta corriente como los de EE. UU. y el Reino Unido, o mejorando un superávit como el de Alemania. Unas mayores exportaciones crearán puestos de trabajo en la industria exportadora, pero también tendrán un efecto multiplicador al añadir más demanda interna para una variedad de otras industrias, que a su vez crean más oportunidades de empleo. También pueden contribuir a reducir la inflación.

¿Cómo se mide la competitividad internacional? No existe un método único, pero a corto plazo puede verse afectada por la tasa de inflación de un país, así como por el tipo de cambio. Si, por la razón que sea, el tipo de cambio de un país se aprecia, la moneda más fuerte abarata las importaciones, mientras que las exportaciones se encarecen. A largo plazo hay una serie de factores importantes, como la educación y la formación, la asistencia sanitaria, la solidez de las instituciones, ya sean políticas, financieras o judiciales, así como el nivel de corrupción.

Un país perderá competitividad internacional si los precios de exportación son más caros que en otros países. Un factor que puede influir es la **productividad en relación con otros países competitivos**. Se trata de la cantidad de producción de un trabajador por hora. Por ejemplo, si la productividad del Reino Unido es de tres coches por hora, mientras que la de Alemania es de cuatro, esto dará ventaja al país germano: una mayor eficiencia en la fabricación permite a los fabricantes de automóviles alemanes bajar el precio de sus vehículos, haciéndolos más competitivos. Otra medida son **los costes laborales unitarios de un país en relación con los de otro**; en términos más sencillos, lo caro que es fabricar algo. Esos costes aumentarán si los salarios suben más deprisa que la productividad.

FACTORES QUE INFLUYEN EN EL CRECIMIENTO Y EL DESARROLLO

Hay muchos factores que pueden impulsar a un país en su crecimiento y desarrollo económico, pero también hay demasiados que lo obstaculizan. Todos los países se enfrentan a limitaciones al intentar desarrollar su economía, pero las economías emergentes, y especialmente los países menos adelantados (PMA), se enfrentan a mayores dificultades.

Las economías son complejas y, como cabe imaginar, hay muchos componentes que pueden ayudar, o frustrar, ese desarrollo.

Como cualquier otro país, los PMA, también conocidos como **países menos desarrollados económicamente (PMD)**, buscan **un crecimiento sostenible a largo plazo**, que puede definirse como un aumento de la capacidad productiva de un país debido a que los factores de producción (FdP) crecen en calidad y cantidad.

Hay factores **económicos** y **no económicos** implicados. El desarrollo **económico** debería traducirse en un aumento de los salarios medios y una mejora de la educación y la esperanza de vida, así como en la mejora de las infraestructuras y la reducción de la pobreza. Entre los aspectos **no económicos**, pero vitales para el desarrollo, figuran la estabilidad política, un sistema bancario y financiero creíble, así como un sistema judicial independiente y la adhesión al Estado de Derecho.

La **mala gobernanza** retrasa el crecimiento y desarrollo de un país. Todos los países tienen sistemas defectuosos, pero este puede ser un problema particular de los PMA. La falta de un sistema democrático, y las restricciones a la libertad de prensa, pueden conducir a una corrupción endémica en todos los niveles de la sociedad. La corrupción desestabiliza el sistema bancario y provoca la **fuga de capitales**. Las personas y las empresas más ricas sacan su dinero del país, normalmente de forma ilegal, privando a esa nación de ahorros y reduciendo su capacidad de invertir. La mala gobernanza también puede destruir el cumplimiento de la ley si los legisladores no se preocupan por la sociedad y el poder judicial no es independiente.

Una de las principales ayudas a los países emergentes que también solicitan los países desarrollados es la **inversión extranjera directa (IED)**. Se trata de la implicación directa y el interés duradero de una empresa por comprar, normalmente, capital físico en otro país, como una fábrica. Un ejemplo de **IED entrante** en el Reino Unido es la fábrica de Nissan en Sunderland. Una **IED saliente** es la inversión en la fábrica de Dyson en Malasia.

Varios PMA, por ejemplo Nigeria, disponen de grandes cantidades de recursos naturales, que deberían ser de gran ayuda. Como es habitual en economía, no es sencillo. Los **productos primarios** o las materias primas pueden ser importantes fuentes de ingresos que permitan a las economías nacionales crecer rápidamente. La **«maldición de los recursos»** es la teoría según la cual **un país dependiente de los productos primarios no tiene incentivos para diversificar la economía**, lo que obstaculiza el desarrollo. En este sentido, aunque los países desarrollados tienden al libre comercio, puede ser útil para los PMA tener barreras comerciales. Esto permite que las industrias nacionales «incipientes» se desarrollen antes de enfrentarse a la plena competencia de las grandes multinacionales.

Otro obstáculo para el desarrollo económico son los conflictos civiles y las guerras, con la inevitable pérdida de vidas e infraestructuras, así como la pérdida de posibles ingresos turísticos. La mayoría de los países emergentes suelen tener una población joven debido a la falta de atención sanitaria y a diversas enfermedades que se llevan por delante a los ancianos. Una mejor salud de la población con vidas más largas permite a los trabajadores de un país adquirir experiencia laboral y mejorar la productividad, y una mano de obra más formada, experimentada y productiva conlleva una mayor probabilidad de inversión de IED.

ESTRATEGIAS QUE INFLUYEN EN EL CRECIMIENTO Y EL DESARROLLO

Hay dos enfoques principales de las estrategias que influyen en el crecimiento y el desarrollo, pero hay que tener en cuenta que cada país es diferente. Así, lo que funciona en uno puede no funcionar en otro debido a factores como los recursos naturales y humanos, al igual que la geografía y la historia. Aunque la atención se centra en los **países menos adelantados (PMA)**, muchas de las estrategias también son beneficiosas para un país más industrializado.

El **enfoque orientado hacia el interior** dominó el pensamiento durante algún tiempo después de la Segunda Guerra Mundial. Es de estilo keynesiano, con su enfoque **intervencionista** y **proteccionista** que favorece a las empresas nacionales frente al comercio exterior. Es lo que se conoce como **sustitución de importaciones**, ya que permite el desarrollo de sus industrias nacionales «nacientes» mediante el uso de barreras como cuotas y aranceles. Un ejemplo famoso es Japón, que en las décadas posteriores a la Segunda Guerra Mundial desarrolló sus industrias automovilística y de productos electrónicos. Otros beneficios son el **empleo** y la **generación de ingresos**. Otro enfoque centrado en el interior que en los últimos años ha adquirido mayor relevancia es la **necesidad de preservar los modos de vida tradicionales** cerrando el paso a las tendencias de «Coca-Colonización» de la economía mundial.

El **enfoque orientado hacia el exterior** se centra en el libre mercado. Se considera el más exitoso de los dos enfoques. Su perspectiva librecambista y globalizada ayuda a un país a desarrollar relaciones internacionales, lo que puede ser beneficioso en tiempos de crisis externas.

Al examinar las dos principales estrategias de crecimiento y desarrollo, la de **mercado** y la **intervencionista**, merece la pena destacar algunas de ellas. Empezando por las **estrategias de mercado**, la **liberalización del comercio**, como era de esperar, es la clave del **libre comercio** y se ha utilizado durante mucho tiempo para lograr el crecimiento y el desarrollo. Permite a los países comerciar sin barreras ni restricciones con aquellos otros especializados en bienes y servicios en los que existe una **ventaja comparativa de costes**. Un límite al crecimiento y al desarrollo pueden ser las **subvenciones públicas**. Esto se debe a que el gasto público puede «desplazar» al sector privado, dando lugar a una asignación ineficaz de los escasos recursos. El **desplazamiento** es una teoría económica que sugiere que el aumento del gasto en el sector público expulsa o reduce el gasto de inversión del sector privado debido al aumento de los tipos de interés. Otra estrategia de mercado es la **flotación de los tipos de cambio**. Permiten a los países alcanzar un equilibrio basado en el mercado y no acumular posibles problemas financieros, como ocurre con los tipos de cambio fijos. Los tipos fijos pueden requerir la intervención del gobierno para apoyar la moneda, consumiendo así valiosas reservas y encareciendo las exportaciones.

Las **estrategias intervencionistas** implican que el Estado influya en la asignación de recursos para contribuir al crecimiento y al desarrollo. El desarrollo de la mano de obra de un país (capital humano) amplía las cualificaciones del trabajador medio, mejorando la productividad y permitiendo el potencial de la IED, que trae consigo una tecnología más avanzada. Sin avances en las cualificaciones y la productividad, las empresas tienen dificultades para expandirse, y estas mismas deficiencias también pueden limitar la innovación. Las **empresas conjuntas** son otro método al que recurren los países para crecer, en el que un país aspirante une fuerzas con empresas mundiales. Por ejemplo, en 1978, Deng Xiaoping inició la política china de «puertas abiertas», que puso en marcha la transformación económica de China, permitiendo a empresas como Land Rover invertir en empresas conjuntas para tener la oportunidad de hacerse con una parte de ese enorme mercado.

Conclusión

Ahora comprenderás que la economía está en todas partes. Tú has comprado este libro, la tienda obtiene una parte de su precio y paga a su personal, mientras que los editores obtienen ingresos por el libro y mayores beneficios. Pueden reinvertir y emplear a más gente para ampliar sus operaciones y conseguir mayores beneficios. Si tomamos como ejemplo el Reino Unido, parte de ese beneficio se paga al Gobierno en concepto de impuesto de sociedades, que a su vez puede aumentar el presupuesto de sanidad, proporcionando más ambulancias, médicos y enfermeras, que luego te salvan la vida cuando te ves involucrado en un accidente en plena calle.

Hay un dicho en los círculos económicos que dice que se podría colocar a 24 economistas en un aula y todos tendrían opiniones diferentes sobre cómo dirigir la economía de la nación. En muchos aspectos es cierto. Un economista puede querer que el gobierno aumente el dinero destinado a la educación, mientras que otro puede querer mejorar la sanidad o la policía, o las fuerzas armadas, o dar más prestaciones a los parados… o… o… La lista es casi interminable, pero los recursos no lo son: ¿recuerdas la escasez?

El pensamiento económico se basa en una cadena lógica de razonamiento que analiza las ramificaciones de cada decisión económica. Es un proceso que los políticos que dirigen nuestra economía no siempre se toman tan en serio como deberían.

Esas decisiones económicas están presentes en todo lo que hacemos, y esta es una de las principales razones por las que el estudio de la economía es tan fascinante: el tema es sencillamente inmenso. Ya se trate de cómo compra un nuevo jugador tu equipo deportivo favorito o de cómo tu comunidad local consigue financiación para instalar la calefacción en la sala de fiestas, alguien, en algún lugar, estará pensando en términos económicos. Y cuantos más seamos capaces de hacerlo, mejor será nuestra sociedad para todos.

Lecturas complementarias

Si te ha gustado este libro y quieres saber más sobre los diversos temas, aquí tienes algunos de los muchos vídeos, sitios web y libros disponibles para aumentar tu interés y comprensión:

VÍDEOS
Econplusdal, canal de vídeo y sitio web www.econplusdal.com
Jacob Clifford, canal de vídeo y sitio web además de econmovies www.acdcecon.com

SITIOS WEB
www.economicshelp.org
www.economicsonline.co.uk
www.investopedia.com/economics-4689800
www.tutor2u.net

LIBROS
Economía rosquilla: 7 maneras de pensar la economía del siglo XXI, Kate Raworth (2017)
Freakonomics, Steven D. Levitt y Stephen J. Dubner (2005)
El economista camuflado, Tim Harford (2005)
El economista en pijama, Steven Landsburg (actualizado en 2012)
Pearson Edexcel A-level Economics: A Student Guide - Set of 4 Themes, varios autores (actualizado en 2019)